Société Belge d'Etudes et d'Expansion

ANCIENNEMENT

Association des Licenciés sortis de l'Université de Liége

Consituée le 24 février 1902

Œuvre Mutuelle, Scientifique, de Documentation
et de Vulgarisation économique et coloniale
Subventionnée par le Gouvernement

Siège social : BOULEVARD D'AVROY, 6, LIÉGE

Le Chemin de fer de Bagdad

au point de vue Politique,

Economique et Financier, ou

l'Expansion de l'Allemagne en Orient

—

ALEXANDRE ILITCH

Docteur en sciences commerciales
Licencié en sciences économiques

MISCH & THRON

BRUXELLES   ÉDITEURS   LEIPZIG
126, Rue Royale   *10, Hospitalstrasse*

Dépôt exclusif pour la France
Marcel RIVIÈRE
31, Rue Jacob, 31, PARIS

—

1913

Imprimerie L. NARCISSE
4, Rue du Presbytère
— IXELLES-BRUXELLES —

Société Belge d'Etudes et d'Expansion

ANCIENNEMENT

Association des Licenciés sortis de l'Université de Liége

Consituée le 24 février 1902

Œuvre Mutuelle, Scientifique, de Documentation
et de Vulgarisation économique et coloniale
Subventionnée par le Gouvernement

Siège social : BOULEVARD D'AVROY, 6, LIÉGE

Le Chemin de fer de Bagdad

au point de vue Politique,

Économique et Financier, ou

l'Expansion de l'Allemagne en Orient

—

ALEXANDRE ILITCH

Docteur en sciences commerciales
Licencié en sciences économiques

—

MISCH & THRON

BRUXELLES   ÉDITEURS   LEIPZIG
126, Rue Royale   *10, Hospitalstrasse*

Dépôt exclusif pour la France
Marcel RIVIÈRE
31, Rue Jacob, 31, PARIS

1913

BIBLIOGRAPHIE

I. — Ouvrages généraux.

a) Traités généraux sur les chemins de fer.

1. Karl Andree's. Géographie des Welthandels. Francfurt a/M., 1912.
2. Colson et Morlo. Chemins de fer et voies navigables. Paris, 1911.
3. Paul Cauves. Cours d'économie politique, 3ᵐᵉ édit. Paris, 1910.
4. L. de Litwinski. La question de la situation financière des chemins de fer de l'Etat belge. Bruxelles, 1911.

b) Traités spéciaux sur le chemin de fer de Bagdad et de la Turquie.

5. Margehitch. Etudes ur les chemins de fer de l'Empire Ottoman. Bruxelles, 1892.
6. A. Cheradame. La question d'Orient, la Macédoine et le chemin de fer de Bagdad. Paris, 1903.
7. von Pressel. Les chemins de fer en Turquie d'Asie. Zurich, 1902.
8. Dʳ P. Rohrbach. Die Bagdadbahn. Berlin, 1911.
9. Le comte de Cholet. Voyage en Turquie d'Asie. Paris, 1903.
10. Vital Cuinet. La Turquie d'Asie. Paris, 1892.
11. Wilhelm Siewers. Asien. Leipzig. 1904.
12. Samne et Goblet. La vie politique orientale. Paris, 1909.
13. Habib K. Chicha. La province de Bagdad. Le Caire, 1908.
14. L. de Launay. La géologie et les richesses minérales de l'Asie. Paris, 1911.
15. Noel Vesney. Les puissances étrangères dans le Levant. Paris, 1905.
16. A. Durand. Jeune Turquie, Vieille France. Paris, 1910.
17. René Pinon. L'Europe et l'Empire ottoman. Paris, 1908.
18. Rouire. La rivalité anglo-russe au XIXᵐᵉ siècle en Asie. Paris. 1908.
19. René Henry. Des monts de Bohême au Golfe Persique. Paris, 1908.

20. DENIS DE RIVOYERE. Les vrais Arabes et leurs pays. Paris, 1884.
21. Turquie et Belgique. Bruxelles, 1865.
22. W. HEYD. L'histoire du commerce du Levant, Paris, 1885.
23. DU VELAY. Essai sur l'histoire financière de la Turquie. Paris, 1903.
24. MORAWITZ. Les finances de la Turquie, Paris, 1902.
25. GEORGES CARLES. La Turquie économique, Paris, 1906.
26. BENOIT BRUNSWIK. Le traité de Berlin. Paris, 1878.
27. ALEXI REY. Statistique des principaux résultats de l'exploitation des chemins de fer de l'Empire ottoman. Constantinople, 1911.
28. Administration de la Dette publique ottomane. — Compte-rendu de 1910-1911. Constantinople, 1911.
29. Ministère de l'Agriculture, des Mines et des Forêts de l'Empire ottoman : Recueil de statistique, 1909. Constantinople, 1910.
30. Statistique commerciale de la Perse pour l'année 1910-11. Bruxelles, 1911.

II. — Revues.

1. *Questions diplomatiques et coloniales.*

   Articles :

   Les chemins de fer d'Asie mineure. 1902, v. 13, p. 174.

   HENRI BOHLER. Le chemin de fer de Bagdad. 1903, v. 15, p. 273.

   RENÉ HENRY. L'intérêt français en Asie occidentale, 1903, v. 15, p. 673.

   JEAN IMBART DE LA TOUR. Le chemin de fer de Bagdad et l'opinion anglaise. 1903, v. 15, p. 609.

   RENÉ HENRY. L'Asie turque et le chemin de fer de Bagdad. 1907, v. 23, p. 1.

   G. et J. Où en est la question du chemin de fer de Bagdad. 1907, v. 24, p. 167.

   GERVAIS COURTELLEMONT. La question du chemin de fer de Bagdad. 1907, v. 23, p. 497.

   Le chemin de fer de Bagdad. 1908, v. 25, p. 813.

   ROBERT DE CAIX. La question du chemin de fer de Bagdad. 1911, v. 31, p. 270.

2. *Bulletin du Comité de l'Asie française.*

   Articles :

   PEYEROMHOFF. Chemin de fer de Bagdad. 1901, 1902, 1903.

   Les affaires de Perse et le chemin de fer de Bagdad, mai 1910.

3. *Revue des Deux Mondes.*
    Articles :
        René Pinon. L'évolution de la question d'Orient, 15 oct. 1906.
        P. Imbert. Le chemin de fer de Bagdad, 1er avril 1907.
        René Pinon. La rivalité des grandes puissances dans l'Empire
            ottoman. Novembre 1907.

4. *Correspondance d'Orient.*
    Articles :
        La question d'Orient, 11 mai 1911.
        L'influence allemande en Turquie, 1er octobre 1911.
        Sir William Wilcocks. Travaux d'irrigation en Mésopotamie,
            15 octobre 1911.

5. *Bulletin commercial belge.*
    Articles :
        Le chemin de fer du Golfe Persique, 1903, p. 1716.
        Le chemin de fer de Bagdad. 1904, p. 1076.
        Le commerce et ressources de la région de Mossoul, 1904, p.1831.
        Construction d'un nouveau chemin de fer de la Turquie d'Asie,
            1906, p. 549.
        Le chemin de fer de Bagdad. 1912, p. 235.

6. *Bulletin de la Chambre de Commerce française de Constanti-*
        nople : 1890, 1891, 1897, 1902, 1903, 1904, 1905, 1908,
        1909, 1910, 1911.
    Articles sur le chemin de fer de Bagdad et les richesses de la
        région.

7. *Revue internationale économique.*
    Articles :
        Dr L. Mueffelmann. Les intérêts économiques allemands en
            Orient, 1905, v. 3, p. 609.
        F. Dubief. Le chemin de fer de Bagdad, 15 avril 1912.

8. *Economiste Français.*
    Articles :
        L'aspect économique et commercial du chemin de fer de
            Bagdad, 1903, t. 7, p. 705.
        Le chemin de fer de Bagdad et les négociants anglais à
            Constantinople, 1904, t. I, p. 663.

9. *Revue de Paris.*
    Articles :
        Les Allemands à Constantinople, 1898, t. II, pp. 326-52 ;
        659-80.

V. Bérard. Guillaume II à Londres, 1907, 1er mai et 15 mai, 1er juin, 1er juillet et 15 novembre.

10. *Annales des sciences politiques.*
   Articles :

   Imbart de la Tour. L'Allemagne en Asie Mineure, 15 août 1906, p. 130.

   Russes et Anglais en Asie centrale, 3 mai 1907, p. 359.

11. *Revue générale des Chemins de fer.*
   Articles :

   Le chemin de fer de Bagdad, août 1903.
   »   »   juillet 1907.

12. *Belgique Maritime et Coloniale.*
   Articles :

   Emile Caumert. Les chemins de fer de la Turquie d'Asie, 1903, p. 309.

   Le chemin de fer de Bagdad, 1911, p. 155.

13. *La Revue.*
   Article :

   A. Vambery. L'Allemagne et l'Angleterre en Turquie, 1er août 1902, p. 272.

14. *Annales de Géographie.*
   Article :

   Imbart de la Tour. Les chemins de fer de la Turquie d'Asie, 1903, t. XII, p. 175.

15. *Revue de Géographie.*
   Article :

   A. Brisse. Le chemin de fer de Bagdad, 1902, t. I, p. 294.

16. *La Géographie.*
   Article :

   Le chemin de fer de Bagdad, 1905, t. XI, p. 50.

17. *Bulletin de la Société Royale de Géographie de Belgique.*
   Article :

   Cambrier. Le réseau ferré de la Turquie d'Asie. Février 1908.

18. *Revue politique et parlementaire.*
   Article :

   Gaston Bordat. Le chemin de fer de Bagdad, 1906, 10 février, et 1907, 10 mai.

19. *Revue Industrielle.*
Article :
  L'Angleterre et le chemin de fer de Bagdad, 1911, n° 14.

20. *Revue Bleue.*
Article :
  ROUIRE. Les Anglais dans le Golfe Persique, 1901.

21. *Revue scientifique.*
Article :
  Le chemin de fer de Bagdad (tracé), 1903, décembre.

22. *Bulletin de la Société belge d'Etudes coloniales.*
Article :
  Le chemin de fer de Bagdad, 1911, août, p. 269.

23. *Deutsche Rundschau für Geographie und Statistik.*
Article :
  Die Bagdadbahn und der Persische Golfe, 1908, 30 j., 385.
  VON HOFFMEISTER. Die Bagdadbahn, 1909, März 321-32.

24. *Täglische Rundschau.*
Article :
  S. VON KOTZE. Bagdadbahn, 1908, n° 115.

25. *Die Bank.*
Article :
  Die Bagdadbahn, 1908, 663-73.

26. *Deutsche Colonial Zeitung.*
Article :
  G. LIMBERG. Auf deutschen Pfaden im Orient, 1902, 9 février.

27. *Export.*
Article :
  Weiterbau des Bagdadbahn, 1909, n° 50.

28. *Deutschland.*
Article :
  WITZLEBEN. Die Bagdadbahn und der persische Meerbusch, 1904, octobre.

29. *Agrarpolitische Wochenschrift.*
Article :
  Die Wirtschaftliche gefahr des Bagdadbahn, 1911, n° 24.

30. *Geographische Zeitschrift*.

Article :

Kurchoff. Eisenbahnen und Eisenbahnpolitik in Klein Asien, 1902, p. 616.

31. *Globus*.

Article :

A. Janke. Die Bagdadbahn u. d. Gülen Bogas in Taurus, 1908 2 août ; 1909, 8 avril.

32. *The Nineteenth Century*, 1908.
33. *Fortnightly Review*, 1911.
34. *Asien* (organe de la Société asiatique allemande).

Articles :

von der Golz. Die Bagdadbahn, 1901, décembre.

During Pacha. Die Wirtschaftlicher Erschliherung in Klein-Asien, 1901, mars.

Wagner. Die Bagdadbahn, 1902, avril.

A. Janke. Dampschiffverbindungen nach dem Orient und die Bagdadbahn, 1905, p. 97, 135.

35. *Recueil financier de la Bourse de Bruxelles*, 1910, 1911.
36. *Le Marché financier*, 1910, 1911.
37. *La Gazette financière de l'Empire Ottoman*, 1912, 1913.

III. — Rapports consulaires.

Français, 1900, 1902, 1905 et 1910.

Belge. — Rapport général sur l'Asie Mineure, par M. Duckerts, 1905 et 1906.

Allemand, 1905, 1910.

Hollandais, 1911.

Anglais, 1912.

AVANT-PROPOS

La question du chemin de fer de Bagdad constitue l'un des aspects les plus importants de la dernière phase de la question d'Orient, qui depuis le traité de Carlovitz, en 1699 (date du début de la décadence turque), n'a cessé d'être pour l'Europe une source de graves préoccupations. A l'heure actuelle, c'est de sa solution que dépend l'avenir de toute l'Asie Mineure, du Bosphore au Golfe Persique et au sud de la presqu'île Arabique. La volumineuse bibliographie que nous présentons au début de notre étude, prouve combien cette question a intéressé l'Europe et tout particulièrement l'Allemagne, car celle-ci, grâce à sa politique de pénétration pacifique, si féconde comme nous le verrons plus loin, a acquis à l'heure actuelle une influence prépondérante en Anatolie.

De notre étude se dégage ce fait caractéristique : la pénétration économique de l'Allemagne en Turquie, en ces trente dernières années, a été rapide, mais cet envahissement, qui atteint le centre de la force et le berceau de l'empire turc, est un grand danger pour l'indépendance de la nation.

La question du « Bagdadbahn » présente un intérêt plus grand encore pour l'avenir de la Turquie par suite de la récente guerre avec les Etats balkaniques, car son activité devra maintenant se consacrer avant tout à la mise en valeur de son domaine asiatique.

Mais, comme la pénétration allemande dans l'Asie Mineure s'infiltrera à travers les Balkans, elle est appelée à exercer également dans ces Etats, en même temps que dans le restant de la Turquie d'Europe, une action très considérable et c'est la raison pour laquelle il serait utile qu'elle fût étudiée de près par les Etats balkaniques.

C'est pour essayer de donner à l'opinion publique de ces Etats et de la Turquie, une idée plus exacte de leur situation que nous avons entrepris l'étude de cette question.

Après en avoir donné un rapide exposé historique et technique, nous avons poursuivi cette étude à un triple point de vue : politique, économique et financier.

Nous nous efforcerons de montrer aussi comment la construction de cette grande voie est appelée, dans un avenir qui ne semble pas bien éloigné, à rendre à ces provinces, autrefois si riches et si célèbres, leur splendeur d'antan en les mettant en contact plus intime avec la civilisation occidentale et en permettant l'exploitation et la mise en valeur des richesses que renferme leur sol.

La bibliographie que nous avons consultée à ce sujet, et les renseignements que nous avons puisés aux sources mêmes à Constantinople auprès des personnes compétentes, nous donnent l'espoir de juger la situation avec une certaine impartialité. Loin de nous, pourtant, la prétention d'avoir épuisé tout ce qui a été dit et écrit sur cette vaste affaire du « Bagdadbahn ». Nous avons uniquement essayé de retirer de cette bibliographie ce qui pouvait être utile pour comprendre les événements qui précédèrent les premiers travaux et pour chercher à prévoir les conséquences qu'aura, pour la Turquie, l'exécution de cette importante entreprise. Si, dans la suite, notre façon de voir ne se réalise pas, nous espérons néanmoins que notre travail n'aura pas été inutile et que ceux qui reprendront l'étude de la question pourront, en parcourant cette étude, trouver au moins un exposé objectif des faits historiques qui ont préparé la réalisation du plan qui tend à régénérer l'antique Mésopotamie et la Balylonie.

I. — Historique et tracé de la ligne de Bagdad.

La Mésopotamie, que traversera le futur chemin de fer de Bagdad, a été depuis longtemps un territoire de prédilection pour les archéologues et les historiens européens. Tant de souvenirs s'attachent à ses antiques palais, aujourd'hui en ruines, dont les débris imposants évoquent encore si profondément la splendeur que connurent jadis ces régions aujourd'hui désolées !

Et pourtant, il semble bien que cette Mésopotamie, berceau de l'humanité, pays si prospère sous les Chaldéens et les Babyloniens, et sous les Khalifes Abassides de Bagdad au VIIIe siècle, soit appelée à jouer encore un grand rôle dans l'avenir. La mystérieuse cité d'Aroun-Al-Rachid, aux bazars originaux est là, dont les poétiques légendes des Mille et une nuits et le souvenir de la merveilleuse splendeur hantent encore l'imagination populaire. Reprendra-t-elle un jour sa prospérité de jadis et redeviendra-t-elle un nouveau centre de civilisation avancée ? Sera-ce une civilisation européenne ou orientale ? L'avenir seul nous l'apprendra !

L'accès de la Mésopotamie par Bagdad et Bassorah n'est pas de création récente. Jadis, en effet, l'unique route d'Europe vers les Indes avait son point de départ sur la Mer Noire, au port de Trapezounde ; elle suivait les fleuves antiques : le Tigre et l'Euphrate, traversait les cités des

Khalifes, — Bagdad et Bassorah, — et aboutissait à la côte persane de Bender Abbas, pour se diriger ensuite vers les Indes.

La découverte par Vasco de Gama, en 1498, de la route maritime des Indes, par le Cap de Bonne-Espérance, lui fit perdre son importance commerciale et, après le percement de l'isthme de Suez par de Lesseps en 1869, elle fut définitivement abandonnée.

Mais, à l'heure actuelle, le mouvement d'expansion coloniale qui se manifeste si intense tend, dans une certaine mesure à rendre à la route de Bagdad son importance première.

Les Anglais, maîtres des Indes, se préoccupèrent les premiers de reconstituer l'ancienne route par la Mésopotamie, en y créant une voie ferrée, pour éviter la traversée de la Mer Rouge et pour gagner du temps.

Déjà en 1837, le colonel Chesney étudiait le projet d'une ligne partant de Suédijeh, passant par Alep (sur la côte Syrienne) et se dirigeant vers Bagdad, destinée à relier la Mésopotamie aux Indes à travers le désert de Syrie. Mais les guerres qui éclatèrent à cette époque entre la Turquie et sa vassale l'Egypte empêchèrent la réalisation de ce projet.

En 1852, ce même colonel Chesney entreprit un second voyage et cette fois, en 1857, il obtint un firman (décret du Sultan) lui accordant la concession d'une voie ferrée de Suédijeh à Bagdad et Bassorah. Mais la société qui fut constituée n'obtint pas les capitaux suffisants et dut abandonner ce projet.

En 1868, les Anglais recommencèrent à s'intéresser à la ligne. Ils constituèrent une commission technique pour étudier un tracé nouveau. Le port de Tripoli sur la côte syrienne, devait être le point de départ d'une ligne aboutissant à Bassorah. Mais ce plan ne vit pas non plus sa réalisation.

Le projet de Sir Andrew, surnommé le « de Lesseps de l'Euphrate », subit un sort identique aux précédents.

En 1872, un nouveau projet concernant cette ligne, fut présenté à la Chambre des Communes, mais le cabinet Dizraëli repoussa la demande tendant à garantir les intérêts d'un capital de 10 millions de livres sterlings.

La même question fut soulevée de nouveau et sans plus de succès en 1882, sous le cabinet Gladstone.

On voit par le grand nombre de projets présentés aux Turcs par les Anglais, à quel point la question intéressait la politique coloniale anglaise.

Le canal de Suez, dont le service est internationalisé, paraissait insuffisant aux Anglais pour s'assurer des relations promptes et certaines avec l'empire des Indes. Aussi, constaterons-nous à maintes reprises, au cours de notre étude, l'intervention de l'Angleterre chaque fois qu'il sera question de la route des Indes.

La création du chemin de fer actuel de Bagdad a suscité bien des conflits diplomatiques et ce sont surtout eux qui ont retardé la réalisation du projet, et ont causé tant de difficultés à la Turquie.

De son côté, le Gouvernement turc, qui n'a pas à envisager le tracé de la ligne au même point de vue que le Gouvernement anglais a, pour des raisons politiques, toujours donné la préférence à une voie ferrée reliant Bagdad, non pas à la côte de la Syrie, mais à la capitale de son Empire, car la Porte doit affermir sa domination en Mésopotamie et dans le Golfe Persique, où les tribus nomades et les Arabes ne reconnaissent pour ainsi dire pas l'autorité du Sultan. Déjà le Sultan Aziz se préoccupait de cette question et le 1ᵉʳ août 1875, il adressait à son Grand Vizir un *hatt* (rescrit impérial) dans lequel nous trouvons les lignes suivantes :

« Afin que la population de notre empire puisse profiter également de l'établissement des voies ferrées, nous avons décidé la construction, en prenant tous les frais à notre charge, de la ligne de Bagdad, qui constitue le point le plus important de la Turquie d'Asie (1). »

C'est en vertu de ce *hatt* impérial que Hassan Fehmi Pacha, ministre des travaux publics de Turquie, présenta, en 1880, un projet de ligne d'une longueur de 915 kilomètres, partant d'Alep et longeant l'Euphrate jusqu'à Bagdad, pour être prolongée le long du fleuve, sur une longueur de 600 kilomètres, jusqu'à Bassorah. Les frais de construction, estimés à 120,000 francs au kilomètre, devaient s'élever à près de 110 millions de francs ; mais le déplorable état du trésor turc et le manque de crédit du Gouvernement, à cette époque où s'organisait seulement l'administration internationale de la Dette publique ottomane, ne permirent pas la réalisation de ce plan.

De leur côté, les Français, déjà installés en Syrie, où leur influence est prédominante, étaient désireux d'étendre leur action sur la Mésopotamie, où les religieux, Capucins, Carmes et autres, avaient déjà préparé les voies pour la pénétration française. Aussi s'intéressèrent-ils tout particulièrement au tracé de la ligne. Leur projet était de relier la Syrie à la Mésopotamie, par une ligne d'Alexandrette (sur la côte de Syrie) à Bagdad. Ce projet fut présenté par l'ingénieur français DUMONT à la Sublime Porte, mais sans aucun succès (2).

Les Russes se préoccupèrent aussi de la ligne de Bagdad. L'extension de leur influence en Perse rendait, en effet, pour eux particulièrement importante la question de savoir quelle puissance européenne deviendrait maîtresse de la ligne.

Une fois leur « Transsibérien » terminé et dans le but de compléter encore leur réseau ferré et de se rendre indépendants de la route du canal de Suez, qui devenait de plus en plus anglaise, ils proposèrent la construction d'une

---

(1) A. DU VELAY, *Essai sur l'Histoire financière de la Turquie*, p. 627-628.
(2) VERSEY, *Les puissances étrangères dans le Levant*, p. 293-294.

ligne qui, s'amorçant au Transsibérien à Bouchir, longeait le golfe Persique et aboutissait à Bender-Abbas. Ils espéraient ainsi devenir maîtres du Golfe Persique et, une fois installés dans cette région, répandre leur influence sur l'Arabie, la Perse et même les Indes ! C'était l'époque de l'animosité russo-anglaise et des visées russes sur les Indes.

Pour s'emparer de la ligne de Bagdad qui devenait ainsi voisine de la ligne de Bouchir, les Russes, avec le Comte Kapnist, constituèrent un syndicat et sollicitèrent de la Turquie une concession pour la construction d'une ligne partant de Tripoli (Syrie) et aboutissant au Golfe Persique. Mais la Porte ne donna aucune suite à cette proposition.

C'est à la politique allemande que revient l'honneur d'être arrivée à se faire accorder en Anatolie et en Mésopotamie, les concessions que les autres puissances n'étaient pas parvenues à obtenir (1).

La Compagnie allemande des chemins de fer d'Anatolie, qui exploitait déjà la ligne de Haïdar Pacha (en face de Constantinople) - Eski-Chéir-Angora, suggéra à la Sublime Porte l'idée de relier par une ligne ferrée Constantinople au Golfe Persique, en prolongeant la ligne déjà existante jusqu'à Konia et de là vers Bagdad à Bassorah. Et le contrat du 3/16 février 1893, concédant à la Compagnie des chemins de fer d'Anatolie un embranchement d'Angora à Cézarée, et un autre d'Eski-Cheir à Konia, renfermait la stipulation suivante :

« Le concessionnaire (c'est-à-dire la Compagnie des chemins de fer d'Anatolie) prend l'engagement, aussitôt que la ligne de Haïdar-Pacha-Angora donnera pendant trois années consécutives une recette brute de 15,000 francs par an et par kilomètre, de prolonger la ligne de Sivas après entente préalable avec le Gouvernement.

---

(1) Dans la partie politique de notre étude, nous parlerons, avec plus de détails, des efforts faits par l'Allemagne pour obtenir les concessions de lignes ferrées en Asie Mineure.

» Il s'engage également à prolonger la ligne de Sivas jusqu'à Diarbékir et Bagdad, après entente préalable avec le Gouvernement, dès que les lignes de Haïdar-Pacha-Angora-Cézarée et Eski-Chéir-Konia arriveront par leurs recettes brutes à ne plus réclamer de garantie. »

En vertu de cette stipulation et grâce aux habiles démarches du D^r von Siemens, président de la Compagnie des chemins de fer d'Anatolie, le Gouvernement turc, par la convention provisoire passée le 23 décembre 1899 entre le Ministre turc des Travaux publics Zihni-Pacha et la dite Compagnie représentée par le D^r von Siemens, accordait à cette dernière le droit d'entreprendre les études préalables relatives à la construction du chemin de fer de Bagdad. Cette convention stipulait :

« La Sublime Porte reconnaît qu'il est conforme aux intérêts publics d'accorder à la Société des chemins de fer d'Anatolie la concession demandée. Il est convenu que la société fera procéder immédiatement aux études nécessaires et soumettra au plus tôt à l'approbation de la Sublime Porte les projets de construction et des cahiers des charges. »

La Compagnie des chemins de fer d'Anatolie se trouvait en présence de deux projets de construction soigneusement étudiés, l'un par l'ingénieur autrichien VON PRESSEL et l'autre par le colonel de l'armée allemande HILDEBRANDT.

Le projet de Hildebrandt, qui était celui préconisé par la Compagnie d'Anatolie concessionnaire, partait de Konia, traversait la masse formidable du Taurus, à l'est de la station d'Erégli, et se dirigeait de là vers la fertile plaine d'Adana. A Adana, la ligne rejoignait la voie ferrée déjà existante de Mersina-Adana.

Cette jonction était d'une très grande importance au point de vue du développement du port de Mersina, par où passent les exportations de céréales de la plaine d'Adana, car elle étendait considérablement l'hinterland de ce port.

A partir d'Adana, la ligne longeait les rivières Leikoun et Dschihan, traversait l'Euphrate à Biredjik et pénétrait ainsi dans les régions incultes de la Haute Mésopotamie vers Mardin, point de passage des caravanes, puis descendait le long des pentes des monts Abdin, par Nisebin vers Mossoul, et de là, suivant la vallée du Tigre, elle atteignait Bagdad. De cette ville la voie se dirigeait vers le sud en s'inclinant vers l'Euphrate; elle passait sur la rive droite, touchait Hilleh et Nedjef, lieux de pélérinage et, dans une courbe du Chatt-El-Arab formé par la réunion du Tigre et de l'Euphrate, atteignait Bassorah.

Hildebrandt préconisait comme terminus la petite ville de Kosmina dans la baie de Koweit (1).

La réalisation de ce projet se heurtait à de graves difficultés pratiques résultant de la topographie très accidentée des territoires traversés entre Konia et Adana, et la construction de la ligne à travers le Taurus sur environ 160 à 180 kilomètres, apparaissait comme devant être particulièrement coûteuse.

Von Pressel, en faisant la critique de ce tracé, en préconisait un autre qu'il avait élaboré déjà en 1877 et qui devait faire partie d'un vaste plan d'ensemble relatif à la création du réseau ferré de la Turquie. Il connaissait à fond les territoires de la Turquie d'Europe et de la Turquie d'Asie, pour les avoir longuement parcourus en tous sens, et possédait une compétence toute particulière en ces matières. Il proposait, pour éviter le passage du Taurus qui présentait tant de difficultés techniques, de relier le Bosphore au Golfe Persique par Boli, Amassia, Sivas-Kharpout, Diarbékir, Mossoul, Bagdad et Bassorah. Il appelait ce projet, le projet du Centre pour le différencier de celui qu'il appelait projet du Nord, dont le tracé, partant également du Bosphore, longeait les ports de la

---

(1) *International Revue über die gesamenten Armeen und Flotten.* — Mars 1902, p. 77.

Mer Noire, notamment Samsoum, et descendait vers Kharpout et Diarbékir, pour, de là, se diriger vers Bagdad et le Golfe Persique.

Von Pressel expose comme suit les principaux arguments qu'il concevait en faveur de ce tracé du Centre : (Bosphore-Sivas-Diarbékir et Golfe Persique).

« Pour tout ce qui concerne l'établissement du chemin
» de fer en Asie Mineure, il faut avoir en vue la production
» maximum de bénéfices pour les entrepreneurs en même
» temps que le maximum d'utilité pour le pays. Or, le
» tracé du centre concilie ces deux intérêts. Traversant les
» pays fertiles et relativement peuplés, ces lignes auront
» dès les premières années de leur exploitation un grand
» trafic et par conséquent, des recettes suffisantes, sur
» lesquelles s'appuiera le crédit financier de l'entreprise
» pour l'exécution des nombreuses lignes complémentaires
» du réseau (1). »

Tels sont, dans leurs grandes lignes, les différents projets relatifs à l'établissement de cette voie ferrée, qui furent présentés, soit directement au Gouvernement turc, soit aux différentes Compagnies qui s'y intéressaient.

Examinons maintenant avec un peu plus de détails le tracé qui fut adopté par le Gouvernement turc et la compagnie concessionnaire.

---

(1) Von Pressel, *Les chemins de fer en Asie Mineure*, p. 34.

II. — Le Tracé adopté par les Contractants.

Ce que von Pressel reprochait surtout au tracé de Hildebrandt, c'était le coût élevé de l'installation de la voie et le peu de ressources qu'offraient les régions traversées, pour permettre une exploitation fructueuse.

« Après Konia, dit-il, le tracé du Sud traverse les vastes
» déserts salés de la Lykaonie pour passer, après avoir
» pour ainsi dire effleuré la riche plaine d'Adana, par les
» redoutables gorges du Taurus et déboucher dans la
» riche zone d'Aïntab-Ourfa. Par conséquent les frais de
» construction du tracé du Sud sont bien supérieurs à ceux
» du tracé du Centre et les avantages à retirer de l'exploi-
» tation bien moindres (1). »

Mais la Compagnie d'Anatolie, concessionnaire de la ligne, possédant déjà la voie du Bosphore à Konia, ne demandait pas mieux que de prolonger cette ligne au-delà du Taurus vers Bagdad et le Golfe Persique; aussi réussit-elle à écarter le projet de von Pressel pour faire adopter par le Ministère turc des travaux publics, le tracé de Hildebrandt exposé précédemment.

L'accord fut conclu le 5 mars 1903 et l'article premier de la convention passée à cette date entre Zihni Pacha, Ministre turc des travaux publics, et le Dr Zander, directeur général du chemin de fer d'Anatolie agissant au nom de cette dernière société, s'exprime comme suit, en ce qui concerne le tracé de la nouvelle ligne à construire :

« Le Gouvernement impérial ottoman accorde à la dite

---

(1) VON PRESSEL : *Les chemins de fer en Asie Mineure*, p. 30.

» Société du chemin de fer d'Anatolie la concession de la
» construction et de l'exploitation d'une ligne partant de
» Konia et aboutissant à Bassorah, en passant le plus près
» possible des villes de : Erégli, Adana, Hamidié, Bagtché,
» Karanli, Tel Habech, Nisebin, Mossoul, Tekrit, Bagdad,
» Herbela, Nedjef, Zobeir et Bassorah, ainsi que les
» embranchements suivants :

» 1. De Hamidié à Kastabol ;
» 2. De Tel Habech à Alep ;
» 3. D'un point à fixer d'un commun accord sur la ligne
» principale à *Ourfa* ;
» 4. De Sadidje à Hanekin (frontière persane) ;
» 5. De Zobeir à un point à déterminer sur le Golfe
» Persique (1) ».

La longueur totale de la ligne ainsi conçue devait être
de 3,300 kilomètres depuis Constantinople jusqu'au Golfe
Persique, se décomposant comme suit :

Haïdar-Pacha Konia (en exploitation) .	1,045 kilom.
Konia-Bagdad (en cours d'exécution). .	1,635 »
Bagdad-Golfe Persique (à construire). .	650 »
Au total .	3,330 »

Pendant l'exécution des travaux, ce projet, qui, à peu
de choses près, adoptait le tracé de Hildebrandt, a été
profondément modifié, en raison des difficultés résultant de
la topographie des régions traversées et des dépenses
exagérées qu'aurait suscité son achèvement, tel qu'il avait
d'abord été proposé.

D'après les plans que nous avons consultés au Ministère
des travaux publics à Constantinople, les sections de la
ligne, d'après la convention même (art. 3), sont constituées
comme suit :

Konia-Erégli-Boulgourlou	200 kilom.
Boulgourlou-Adana	400 »

---

(1) CHÉRADAME, *La Macédoine et le Chemin de fer de Bagdad*, p. 71.

Adana-Tel Habech	600	kilom.

(avec un embranchement de Katma à Alep, 55 kilom.)

Tel Habech-l'Euphrate-Harran . . .	774.30	»
Harran-Ras-El-Aïn	878	»
Ras-El-Aïn-Tel-Helif	980	»
Tel-Helif-Wadi-Alba	1,062	»
Wadi-Alba-Kassik Kupru	1,139	»
Kassik-Kupru-Mossoul	1,246	»
Mossoul-Kayara	1,299	»
Kayara-Aïn Dibles	1,366	»
Aïn Dibles-Tekrit	1,428	»
Tekrit-Samara	1,512	»
Samara-Cheik Djemil	1,563	»
Cheik Djemil-Bagdad	1,630	»(1)

Une fois le tracé adopté, la Société se mit au travail et le 25/1 octobre 1904, la première section de Konia à Boulgourlou, d'une longueur de 200 kilomètres, put être inaugurée.

La première partie de ce tronçon, sur une longueur de 190 kilomètres, de Konia à Eregli, traverse une vaste steppe toute plate. Mais au sortir d'Eregli et immédiatement à l'Est de cette ville, la ligne rencontre les premières pentes du Taurus qu'elle franchit jusqu'à une hauteur de 1,053 mètres, à 10 kilomètres au-delà de Boulgourlou; de là le niveau s'abaisse de 1,465 à 21 mètres à Adana. C'est la construction de ce tronçon qui a été particulièrement pénible. Actuellement, la ligne s'arrête de ce côté à Kara-Bounar.

Entre ce terminus et Alep, deux grands obstacles se présentent, constituant la double défense du passage de l'Anatolie à la Syrie : le massif formidable du Taurus d'abord et de l'Amanus ensuite, entre lesquels s'étend la belle plaine d'Adana.

---

(1) Les devis du reste de la ligne, soit de Bagdad au Golfe Persique, n'étant pas encore définitivement arrêtés, nous n'avons pas pu en prendre connaissance.

La ligne traverse le Taurus par les portes de Cilicie qui de tout temps ont servi de passage aux grandes routes de l'Asie et sont restées célèbres dans l'histoire : c'est par là que passèrent les Dix-mille d'Alexandre, les Romains, les Croisés, les Seldjoucides et Méhémet-Ali.

C'est un couloir de 20 à 30 kilomètres qui, par endroits, n'a pas 10 mètres de largeur. Des rochers de 200 mètres de hauteur y surplombent des torrents.

Ces deux chaînes de montagnes, le Taurus et l'Amanus, forment en ce moment des solutions de continuité entre les sections nouvellement construites.

En 1913, la ligne a été prolongée du côté de Konia, à travers les contreforts du Taurus, et une section de 53 kilomètres a été ouverte à l'exploitation de Oulou-Kichla à Kara-Bounar, à 291 kilomètres de Konia.

Il ne reste plus qu'une trentaine de kilomètres pour la souder au tronçon construit de l'autre côté de la montagne, mais c'est à cette station que commencent les difficultés réelles de la traversée du Taurus : on parle de 70 tunnels à faire, dont l'un de 3,500 mètres et deux autres de 2,700 et 1,700 mètres. Il y a là 19 kilomètres qui coûteront, paraît-il, 700,000 francs le kilomètre, et 12 autres kilomètres en terrains fort difficiles également. On évalue le coût total de cette section de 18 à 20 millions de francs ; il n'est pas probable qu'elle puisse être construite avant deux ans et demi à trois ans.

De l'autre côté du Taurus, la section inaugurée à la fin d'avril 1912 aboutit déjà au pied de l'Amanus ; elle comporte 140 kilomètres, de la station de Dorak, sur le versant sud du Taurus, à celle de Mamouré et emprunte sur 25 kilomètres, de Yénidjé à Adana, l'ancienne voie du chemin de fer de Mersina à Adana.

Pour réunir cette section à la ligne nouvelle construite de l'autre côté de l'Amanus et dont il est question plus loin, il y a une centaine de kilomètres à construire : d'après une information, le tracé de Mamouré à Alep

comporterait 10 tunnels, dont un de 4 1/2 à 5 kilomètres
et les autres de 100 à 150 mètres; en plus, 10 viaducs
variant entre 50 et 250 mètres.

En-deçà de l'Amanus, une section d'environ 200 kilomètres a été mise en exploitation, en novembre 1912,
dont 120 vers Alep et 80 d'Alep vers l'Euphrate; d'Alep
à Bagdad, on estime la longueur du tracé à 988 kilomètres (1).

En vertu de la convention du 5 mars 1903, la Compagnie du chemin de fer de Bagdad est tenue de solliciter
pour toute section à construire, une autorisation du
Gouvernement ottoman qui doit d'abord étudier les plans
et les devis présentés.

L'administration turque est toujours extrêmement lente
et négligente en affaires; aussi a-t-il fallu de longues années
pour que la Société pût obtenir l'iradé (décret du Sultan)
l'autorisant à poursuivre les travaux.

La question des garanties kilométriques est encore venue
apporter un nouveau retard à la construction.

Comme nous le verrons dans la partie politique et financière de notre étude, la Société n'entreprend aucun travail
sans avoir obtenu préalablement des garanties suffisantes
pour que la rémunération des capitaux engagés dans
l'affaire soit assurée.

Après d'assez longues discussions, ces garanties furent
accordées et un iradé du Sultan, du 2 juillet 1908, autorisa
la construction de quatre nouvelles sections du chemin de
fer de Bagdad, d'une longueur totale de 840 kilomètres
entre Boulgourlou et Tel-Helif (2).

Les travaux de la section Boulgourlou-Adana ont pris
un temps assez long, à cause des difficultés que nous avons
exposées plus haut. Ils n'ont été achevés que le 24 juin 1912,
époque à laquelle la ligne a été inaugurée par le Ministre

---

(1) *Diplomatic and Consular report.* Adana, 1912.
(2) *Questions diplomatiques et coloniales,* 1908, p. 813.

des travaux publics Djavid Bey. A l'heure actuelle, les seuls travaux difficiles qui restent à effectuer sont la traversée du Taurus et de l'Amanus, car à partir de Tel-Helif et jusqu'à Nisebin le terrain est tout à fait favorable à la construction. De Nisebin à Mossoul le pays se transforme en une vallée très large et très plate, un couloir, dont l'entrée passe entre le For Abedin et Djebbel Singiar qui le bordent (1).

On ne peut encore prévoir quand les travaux pourront être terminés; comme nous le verrons plus tard, il ne s'agit pas seulement ici d'une question technique, mais aussi d'un problème politique et surtout financier, en ce sens, que la Porte doit fournir, avant que les travaux ne soient commencés, les garanties kilométriques exigées et promises.

En ce qui concerne le terminus de la ligne, la question n'est plus d'ordre technique mais d'ordre tout à fait politique. Le terminus naturel qui paraît le meilleur est *Koweit*, petit port sur le Golfe Persique, mais l'Angleterre s'oppose au choix de ce port pour des raisons politiques que nous exposerons ultérieurement.

Les Allemands auraient voulu Koweit pour pouvoir lutter plus facilement contre l'influence anglaise au sud de l'Arabie et tacher d'en devenir maîtres. Mais devant l'opposition irréductible des Anglais, ils ont proposé Fao, sur le Chatt-El-Arab, en aval de Bassorah, ou Kassima, au nord de Koweit, mais toujours dans la baie du même nom.

Comme la solution de cette question se rattache avant toutes choses aux visées politiques des grandes puissances dans cette région, nous l'examinerons dans le chapître que nous consacrons à la politique anglaise.

---

(1) *Globus*, 1908, t. II, p. 26.

DEUXIÈME PARTIE.

Le chemin de fer de Bagdad au point de vue politique.

a) La Turquie et sa politique.

1. — *Le début de l'établissement des chemins de fer en Turquie.*

L'Empire ottoman, qui pendant de longs siècles était resté fermé à la pénétration des idées et des habitudes européennes, s'est trouvé profondément désorienté à la fin du XIXme siècle en présence des progrès considérables réalisés dans le domaine des transports et des communications.

Il dut secouer son éternelle négligence et s'adapter au nouveau régime. De plus, les révoltes si fréquentes à l'intérieur du pays, comme celles d'Egypte, de Bosnie, de Bulgarie et d'autres provinces, obligèrent les Grands Vizirs turcs à réorganiser leur empire. Un premier pas fait dans ce sens fut le Hattichérif de Gulhané (rescrit impérial) du 3 novembre 1839 du Sultan Mahmoud, qui prévoyait un nombre considérable de réformes à introduire dans l'administration de l'Empire.

Le grand Vizir Réchid Pacha s'était courageusement mis à l'œuvre pour réaliser ces réformes, mais la guerre avec l'Egypte et le manque de bonne volonté chez les fonctionnaires d'Etat firent échouer ses bonnes intentions.

Un peu plus tard le Sultan Abdul-Medjid, l'un des meilleurs qu'eût la Turquie, songea lui aussi à introduire dans l'empire les réformes devenues si nécessaires pour le rendre digne de figurer parmi les nations européennes. Il était secondé par Ali Pacha et Riza Pacha qui l'assistèrent résolument dans la réalisation de ses nobles intentions, et dans le rescrit impérial connu sous le nom de *Hatti Houmayoun*, du 18 février 1856, il renouvela les promesses faites dans celui de 1839 sur la réorganisation générale du pays.

Ces beaux projets restèrent lettre morte, et quelques réformes administratives, et notamment la réorganisation de l'armée, furent l'unique préoccupation des Grands Vizirs. Pourtant, ces réformes, en raison du manque de communications avec les provinces lointaines, rencontraient dans leur réalisation des difficultés considérables.

La réorganisation de l'armée exigeait, en cas de révolte surtout, des routes susceptibles de transporter les troupes très rapidement. Aussi, est-ce surtout pour ces deux raisons que la Sublime Porte s'adresssa aux techniciens et aux financiers européens en vue d'obtenir leur concours pour l'établissement d'un vaste réseau ferré mettant en communication toutes les parties de l'Empire. Son but essentiel était de relier les provinces européennes les plus turbulentes, comme la Bosnie et l'Herzégovine, la Bulgarie et la Macédoine à Constantinople, afin de pouvoir le cas échéant y envoyer des troupes en peu de temps pour réprimer les émeutes.

Le 31 mars 1868 fut signé entre le Grand Vizir Ali Pacha et un groupe belge Vander Elst et Cie, un contrat préliminaire relatif à l'établissement des voies ferrées dans l'Empire. Mais les Belges ne tinrent pas leurs engagements, et Davoud Pacha, Ministre des travaux publics dans le Cabinet d'Ali Pacha, fut chargé, à la fin de 1868, de se rendre en Europe pour trouver une autre combinaison. Il réussit à intéresser à ses projets l'un des banquiers les plus connus de Bruxelles, M. de Hirsch, et il passa avec lui un contrat par lequel ce dernier s'engageait à construire 2,000 kilomètres de chemins de fer, moyennant une rente de 22,000 francs par kilomètre, à servir par le Gouvernement turc. Les travaux furent entrepris grâce à l'énergie et à la persévérance de M. de Hirsch, et, en dépit des difficultés innombrables qui surgirent pendant la construction, les lignes suivantes, dont on aperçoit aisément le caractère presque exclusivement politique et militaire, purent être mises en exploitation en 1875 :

En Bosnie : de Banjalouka à Doberin (tronçon isolé de 102 kilomètres aboutissant à la frontière autrichienne);

En Macédoine : de Salonique à Uskub, 244 kilomètres ; d'Uskub à Mitrovitza, 119 kilomètres ;

En Bulgarie : de Tirnova à Jamboli (vers Schumla), 106 kilomètres ; d'Andrinople à Philipopoli et Belova, 243 kilomètres;

En Turquie occidentale : de Constantinople à Andrinople, 318 kilomètres ;

En Thrace : d'Andrinople à Dédéagatch, 149 kilomètres, soit un total de 1,179 kilomètres.

Si le projet primitif de 2,000 kilomètres ne fut pas exécuté c'est surtout à cause des difficultés intérieures qui surgirent en 1876 (la révolte en Bosnie, la guerre avec la Serbie), mais aussi des intrigues des puissances étrangères qui voyaient d'un mauvais œil le relèvement militaire de la Turquie.

Ainsi donc, toutes les lignes qui existaient en Turquie d'Europe avant le Congrès de Berlin, avaient été établies, avant tout, dans un but purement stratégique et leur tracé ne répondait nullement aux besoins des régions traversées.

L'Etat ne connaissant pas la situation économique ne pouvait pas établir les lignes ferrées là où elles étaient nécessaires au développement du pays. D'autre part, le concessionnaire ne s'en inquiétait pas non plus puisque son revenu était abondamment assuré par les garanties kilométriques.

La construction du réseau ferré asiatique a été dictée par des considérations toutes différentes.

Quoique peuplée en grande partie de Musulmans, de vrais Turcs, avec par-ci par-là quelques Arméniens, quelques Grecs et quelques habitants d'autres religions et races, la Turquie d'Asie a été de tout temps assez négligée par la Sublime Porte. Récemment encore, il en était qui accusaient la Porte de négliger ses provinces asiatiques en faveur des quelques provinces européennes qui lui causaient tant d'ennuis et de sacrifices. Le Turc d'Anatolie, rebelle, au fond de sa province, à toute influence de la civilisation européenne, dépendant surtout de son Khalife pour lequel il se dépense sans compter, quand son existence est menacée, n'a jamais causé de grands ennuis à son gouvernement ; celui-ci de son côté, il faut le reconnaître, s'est montré fort peu empressé pour s'occuper du développement de ces provinces qui sont restées presque à l'état barbare.

Par contre, les étrangers se sont bien vite rendu compte du parti que l'on pouvait tirer de la mise en valeur de ces régions et c'est vers la construction des chemins de fer qu'ils ont d'abord dirigé toute leur attention.

C'est au cours du xixme siècle que s'est produit le grand essor des villes d'Asie Mineure, si bien situées au fond de rades magnifiques, sous un climat doux et agréable et à proximité d'îles au sol fertile, comme Mitylène, Chios, Samos, etc. La ville de Smyrne est devenue aujourd'hui le centre commercial le plus important de toute l'Anatolie, à la fois pour les exportations de produits agricoles et pour les importations de produits manufacturés, de machines et en général de tout ce que les régions de l'intérieur sont obligées de se procurer au dehors.

Les Anglais y occupent la première place depuis très longtemps déjà ; aussi ce sont eux qui les premiers se sont rendu compte de la nécessité d'établir des voies ferrées pour faciliter les relations entre le port de Smyrne et son hinterland. Après la promulgation du Hatti-Houmayoun du 18 février 1856 par le Sultan Médjid, une demande de concession pour la construction d'une ligne reliant Smyrne à Aïdin fut présentée à la Porte, le 23 septembre 1856, par M. de Price agissant pour un groupe anglais, et celle-ci lui fut accordée. La durée de la concession était de 50 ans, avec garantie d'intérêt de 6 % sur le capital de consrutction, pour 130 kilomètres de longueur. Cette ligne était bien choisie, car elle traverse une contrée riche et bien peuplée.

Les Anglais s'empressèrent aussitôt de relier Smyrne avec d'autres centres de production de la contrée. C'est ainsi qu'ils demandèrent et obtinrent la concession d'une ligne de 93 kilomètres allant de Smyrne à Cassaba et un petit embranchement de Smyrne à Bournabat.

En 1871, le Gouvernement ottoman présenta à son tour un projet pour un vaste réseau de chemins de fer à construire en Turquie d'Asie, et à la suite d'études très détaillées de von Pressel, un iradé impérial du 4 août 1871, prescrivit l'exécution en régie de quelques unes des lignes projetées. On commença par le prolongement de 76 kilomètres de Cassaba à Alacheir, centre important d'expédition des tapis tissés, et en mars 1875, la compagnie anglaise de Smyrne-Cassaba obtint du gouvernement, l'exploitation de la section ainsi construite.

Peu après, en 1880, la même compagnie acquit encore le droit de construire et d'exploiter sans garantie un embranchement de 92 kilomètres, de Magnésie à Soma, qui venait complèter de façon très heureuse l'ensemble des voies ferrées reliant le port de Smyrne à l'intérieur du pays.

Comme on peut le constater, c'est ici le but économique qui a seul provoqué la construction de ces différentes lignes, à l'opposé de ce que nous constations en Turquie d'Europe où l'établissement des voies ferrées avait été surtout dicté par des raisons stratégiques.

Cet ensemble s'est complété dans la suite par la construction de la ligne Aïdin-Dinar en 1888, et par celle du tronçon Alacheir-Afioun-Karahissar, d'une longueur de 250 kilomètres, dont la concession fut accordée en 1893 à M. Nagelmackers de Liége.

En Syrie, où les Français s'étaient établis depuis tant d'années, un mouvement à peu près analogue pour la construction de voies ferrées se produisait dans la région desservie par l'intermédiaire du port de Beyrouth. Une concession fut accordée en 1891, pour la construction d'une ligne de 250 kilomètres reliant Beyrouth à Damas, prolongée plus tard jusqu'à Hauran. Ce réseau fut complété en 1893, 1896 et 1900 par des lignes parallèles à la côte de la Syrie jusqu'à Alep, avec un embranchement de Homs à Tripoli.

Nous avons vu plus haut que le soldat turc d'Anatolie était le meilleur soldat de l'armée ottomane; sobre, fanatique, musulman de corps et d'âme, content de peu, toujours obéissant, sans prétention, il n'a pas cessé de se maintenir à la hauteur de ses célèbres prédécesseurs du xve siècle, artisans de la grandeur bien lointaine de l'Empire ottoman ! Aussi, est-ce à lui que la Sublime Porte s'est toujours adressée de préférence dans les moments difficiles. Qu'il s'agisse d'une révolte dans les provinces européennes, ou d'une guerre avec la chrétienté, c'est toujours l'Anatolie qui a fourni le plus grand contingent de l'armée. C'est pourquoi la Porte s'est occupée depuis très longtemps de pouvoir disposer de cette armée avec le plus de facilité et de rapidité possible.

Dès 1871, le Gouvernement turc avait conçu l'idée de créer un réseau de lignes de chemins de fer dans l'Anatolie, et suivant le plan de l'ingénieur von Pressel, il caressait l'espoir de voir établir une communication facile entre les provinces asiatiques et la capitale, qui permettrait le transport rapide des troupes.

Le plan primitif consistait à construire des lignes reliant les régions de la Mer Noire au centre de l'Anatolie et à la capitale de l'Empire. Ainsi furent projetées la ligne partant de Samsoun à la Mer Noire, par Amassia et Sivas et une autre partant de la côte de la Mer de Marmara, non loin de Constantinople, vers Ismidt et de là s'enfonçant dans le cœur de l'Anatolie pour aboutir à Angora et Diarbékir. Une autre devait relier Ismidt par Kutahia à Konia et Ada-Bazar-Eregli ; enfin un autre projet encore prévoyait la ligne Diarbékir-Bagdad et Bassorah. Tel était le grand projet de von Pressel, que le Gouvernement turc comptait entreprendre et qui comportait une longueur totale de lignes à construire de 4,100 à 5,000 kilomètres.

Le Gouvernement ottoman aurait vivement désiré construire et exploiter ces lignes en régie, mais comme il manquait de crédit sur les grands marchés européens, il ne put trouver les capitaux nécessaires. Il tenta pourtant un effort, en construisant en régie la petite ligne de 92 kilomètres qui relie Haïdar-Pacha, vis-à-vis de la capitale en Asie, avec Ismidt. Dans la pensée du Gouvernement, ce tronçon devait être le commencement de la grande ligne reliant Constantinople au Golfe Persique, que nous voyons se réaliser aujourd'hui en suivant un itinéraire quelque peu différent. La Porte essaya d'abord d'exploiter elle-même cette ligne d'Ismidt, mais devant les résultats désastreux qu'elle enregistra, elle se trouva bientôt obligée d'y renoncer. La ligne fut donc concédée en 1888, moyennant une somme de 6 millions de francs, à un groupe allemand à la tête duquel se trouvait la « Deutsche Bank », représentée par M. de Kaulla, agissant comme président du groupe.

Ce fut là le début des concessions accordées aux Allemands.

Le Gouvernement turc avait en même temps concédé au

même groupe la construction d'une ligne allant d'Ismidt à Angora, au centre de l'Anatolie. Cette ligne, comprenant 578 kilomètres de Haïdar-Pacha à Angora, commencée en 1889, fut activement poussée et dès le 27 novembre 1892, avant même que fut expiré le terme fixé pour l'achèvement, l'inauguration solennelle en fut faite.

A peine était-elle mise en exploitation, que le 3 février 1893, le même M. de Kaulla, représentant la société susmentionnée, obtenait la concession d'une ligne de 384 kilomètres de Cézarée à Angora, qui n'a pas été exécutée, et d'une autre ligne d'Eski-Cheïr à Konia, avec embranchement d'Alayund-Kutahia, donnant un total de 445 kilomètres. Celle-ci, de même que son embranchement, a été ouverte à l'exploitation le 29 juillet 1896.

Ainsi fut organisée la première société allemande pour l'exploitation des chemins de fer en Turquie d'Asie, qui prit le nom de *Compagnie des Chemins de fer d'Anatolie*.

C'est la première manifestation de l'accaparement des lignes ferrées en Turquie, par les Allemands. Ce qui caractérise ces concessions accordées aux Allemands, c'est qu'elles inaugurèrent le régime des garanties kilométriques perçues par le Conseil d'administration de la Dette publique ottomane. Cet organisme constitue, comme on sait, une administration internationale autonome de quelques revenus importants et se charge d'assurer le service d'une grande partie de la Dette de la Turquie.

Jusqu'alors les garanties étaient réglées par le Ministre des finances, mais, la plupart du temps celui-ci se trouvait sans argent et les sommes garanties étaient rarement payées en temps voulu; de plus, les compagnies concessionnaires avaient mille peines à faire valoir leurs droits.

Les Allemands, par l'intermédiaire d'un établissement financier solide comme la Deutsche Bank, imposèrent leur volonté à Constantinople. Les dîmes des Sandjaks d'Ismidt, d'Ertogroul, de Kutahia et d'Angora, représentant les garanties kilométriques, furent dès lors perçues par les soins de l'administration de la Dette, et de cette façon, le paiement des sommes revenant aux concessionnaires allemands fut régulièrement effectué (1).

Une fois maîtres de la plus grande ligne de l'Asie Mineure, et disposant de toutes les faveurs du Sultan-Hamid, leur plus grand espoir était la prolongation de leur ligne d'Anatolie jusqu'à la Mésopotamie, c'est-à-dire de Konia à Bagdad et de là au Golfe Persique. Ils voulaient s'installer ainsi dans toute la Mésopotamie dont ils prévoyaient la régénération prochaine et le retour à sa richesse antique. Aussi, déjà dans la convention du 3 février 1893, concernant la ligne Eski-Cheïr-Konia, trouvons-nous une mention relative à l'engagement pris par la Compagnie d'Anatolie, de prolonger cette ligne jusqu'à Bagdad et au Golfe Persique.

C'est en vertu de cet engagement que la Compagnie d'Anatolie entreprit les démarches nécessaires qui furent très habilement menées par le financier bien connu M. le D^r von Siemens, assisté d'un diplomate de premier ordre, l'ambassadeur d'Allemagne à Constantinople, baron Marschal von Bieberstein, en vue d'obtenir la concession de la ligne de Bagdad. Ces habiles négociateurs réussirent et le 23 décembre 1899 fut signée, entre Zihni Pacha, ministre des travaux publics, et le D^r von Siemens, la convention provisoire suivante conformément à un iradé impérial :

« La Sublime Porte reconnait qu'il est conforme aux
» intérêts publics d'accorder à la Société des chemins de
» fer d'Anatolie la concession demandée. Il est convenu
» que la Société fera procéder immédiatement aux études
» nécessaires et soumettra au plus tôt à l'approbation de

---

(1) Nous reviendrons plus loin sur cette question, quand nous aurons à étudier la politique allemande en Turquie, et nous verrons notamment comment en si peu de temps les Allemands sont parvenus à acquérir en Turquie tant de concessions et de privilèges spéciaux.

» la Sublime Porte les projets de conventions et de cahiers
» des charges. »

A la suite de cette convention provisoire, fut promulgué
le firman du 5 mars 1903, qui approuvait la convention
définitive passée entre le Ministre turc des travaux publics
Zihni Pacha et le Dr Türk Zander, directeur général des
chemins de fer d'Anatolie, agissant pour cette dernière
société (1).

La Deutsche Bank étant le principal banquier de cette
Compagnie, c'est à elle, peut-on dire, que la concession
fut accordée.

D'après une étude préalable publiée en septembre 1899,
après l'expédition en Mésopotamie, de M. Steinrich,
conseiller de légation et consul général d'Allemagne à
Constantinople, et des ingénieurs Kapp, Mackensa et
Habich, la longueur de la ligne était évaluée à 2,500 kilomètres depuis Konia jusqu'au Golfe Persique (2).

2. — *La Turquie et la concession du chemin de fer de Bagdad accordée aux Allemands.*

Examinons maintenant quelles étaient les visées de la
Sublime Porte en construisant cette ligne, et quels avantages elle espérait retirer de son exploitation.

Le Sultan Abdul-Hamid, qui remplissait lui-même les
fonctions de Ministre des affaires étrangères, des finances
et des travaux publics, en un mot, toute la Sublime Porte,
avait conçu un vaste plan, à visées lointaines, qui devait
être le pivot de toute sa politique à la fois comme Sultan,
comme Khalife et comme homme d'Etat turc, mais en
même temps encore comme propriétaire de grands
domaines agricoles en Mésopotamie. Il aurait voulu recon-

---

(1) Voir aux annexes.
(2) MORAWITZ : *Les finances de la Turquie*, pp. 414-416.

stituer un Empire fort et riche, qui fut devenu un centre d'attraction pour tous les Musulmans de l'Asie.

Ce plan paraissait assez ingénieux et les héritiers de l'Empire du Sultan Abdul Hamid, les Jeunes Turcs, nourissaient et nourissent encore aujourd'hui cette idée.

Comme Sultan, c'est-à-dire comme maître absolu de tout l'Empire ottoman, son premier désir était de voir régner partout l'ordre et l'obéissance. Il lui fallait pour celà une administration bien organisée et des moyens de communications permettant d'amener aisément des troupes là où le besoin s'en faisait sentir pour réprimer une insurrection. C'est la raison pour laquelle il souhaitait si ardemment voir se réaliser la construction de cette voie.

Les régions que la ligne de Bagdad doit traverser, sont peuplées en effet par des tribus nomades, semi-nomades et sédentaires, qui, à vrai dire, ne reconnaissent pas l'autorité du Sultan de Constantinople et sont administrées avant tout par leurs chefs-cheiks, dont l'investiture ne réclame même pas l'approbation du Sultan.

D'autre part, dans la Haute Mésopotamie et dans l'Arménie, les peuplades kurdes, toujours en révolte et vivant presque exclusivement de pillages, rendaient l'existence extrêmement dangereuse aux populations chrétiennes habitant ces régions. A maintes reprises, des réclamations furent présentées au Sultan par l'Ambassadeur de Russie, pour qu'il mit fin à un tel état de choses. Des promesses furent faites par la Porte, mais, comme ce fut si souvent le cas, elles restèrent presque toujours sans aucune suite.

Les Gouverneurs généraux de ces provinces, éloignés de la capitale et du contrôle immédiat du Sultan, s'inquiétaient fort peu du désordre de leur province, et la plupart d'entre eux se mettaient même d'accord avec les chefs kurdes pour piller les habitants paisibles, de façon à constituer leur fortune le plus rapidement possible, car ils étaient certains qu'ils ne devaient pas tarder à être destitués de leurs fonctions.

En outre, ces bandes de Kurdes ne payaient ni impôts, ni autres charges fiscales et n'étaient pas astreints au service militaire, comme c'est le cas pour d'autres provinces de l'Empire.

La nécessité s'imposait donc d'établir des liens plus étroits entre les habitants de ces provinces et la capitale et d'imposer là-bas, d'une façon plus réelle l'autorité du Gouvernement central. Il fallait pour cela des communications rapides avec la capitale.

Mais c'était surtout à cause de son importance au point de vue de la défense de l'Empire que le Sultan Abdul-Hamid s'intéressait tant à cette voie. De tout temps la Turquie a eu maille à partir avec la Russie, dont les visées sur l'Empire ottoman ne sont rien moins que manifestes, et la longue frontière commune du côté de l'Arménie et du Kurdistan présenterait un accès particulièrement facile pour une invasion des armées du Tzar.

Les incessantes révoltes dans ces régions donnent lieu à chaque instant à des réclamations amicales d'abord, mais qui parfois se transforment en vraies menaces de la part du Gouvernement de Saint-Pétersbourg et un jour ou l'autre la patience de la Russie, qui ne doit pas être bien grande, finira par être poussée à bout et ce sera alors la rupture et la guerre. On pourrait même dire que la Russie trouve dans les événements qui se passent là-bas un *casus belli* presque journalier.

En cas de guerre, le Sultan serait tout à fait à la merci des armées du Tzar, car il ne pourrait lui opposer que les 9me, 10me et 11me corps d'armées, respectivement de Erzeroum, de Erzendjian et de Van (1), c'est-à-dire tout au plus

---

(1) D'après la réorganisation militaire en Turquie de 1910, il y a 14 corps d'armée au lieu de 7 d'après l'ancienne formation, soit : les 7 premiers en Europe : à Constantinople, Andrinople, Salonique, Monastir, Uskub, Kirk-Kilissé et Scutari, et 7 en Turquie d'Asie : à Damas (8me), à Erzeroum (9me), à Erzendjian (10me), à Van (11me), à Mossoul (12me), à Bagdad (13me), à Iémen (14me).

80 à 90,000 hommes contre les 150 à 200,000 hommes de l'armée du Caucase. En l'absence de moyens de transport rapides, le 12me corps d'armée de Mossoul, le 13me de Bagdad et le 8me de Damas ne seraient d'aucune utilité, car ils ne pourraient arriver que beaucoup trop tard pour se joindre aux forces réunies à la frontière.

L'armée d'Angora même ne pourrait que très difficilement aller renforcer le corps d'Erzeroum et d'Erzendjian, de même que les 64 bataillons de rédifs de l'intérieur de l'Anatolie.

C'est ce dont la Russie se rend parfaitement compte et c'est la raison pour laquelle elle s'est toujours montrée si hostile à la réalisation de ce plan.

En outre des corps d'armée de Mossoul et de Bagdad, « il y aurait avantage à transporter avec la plus grande célérité le 8me corps de Damas à Aïntab ou à Mardin et enfin, après l'achèvement du chemin de fer de la Mecque, le 14me corps de Hedjaz. Comme de nombreuses lignes secondaires doivent se détacher de la ligne principale de Bagdad, la concentration des troupes turques sera rendue bien plus facile et ce poids de la guerre qui jusqu'à présent pesait particulièrement sur les provinces de la Mer Noire et de la Méditerranée et les dépeuplait, pourra, comme von der Golz le déclare, être reparti à l'avenir d'une façon plus égale (1) ».

Pour faciliter les déplacements des troupes sur les lignes principales, la Turquie, par l'article 45 de la Convention, a imposé à la Compagnie de Bagdad l'obligation de construire les stations militaires sur les points de la ligne que lui indiquera le Ministre de la Guerre.

Le Sultan poursuivait encore un autre but : il cherchait à se rapprocher de la Perse pour tacher de constituer avec elle une sorte d'alliance musulmane contre les envahisseurs

---

(1) *Revue du Cercle Militaire,* 29 mars 1902, n° 13, p. 358.

ohrétiens et en cela il était d'accord avec le Chah de Perse Mouzaffer-Eddin. Une ligne devait relier Téhéran, la capitale de la Perse, à l'embranchement Bagdad-Hanekin du chemin de fer de Bagdad. Les deux maîtres musulmans n'eurent pas le bonheur de voir s'accomplir leurs beaux rêves, car tous deux furent détrônés avant qu'ils aient pu se réaliser.

Nous disions un peu plus haut qu'une grande partie de l'Arabie et de la Mésopotamie ne reconnaissait pas l'autorité laïque du Sultan. Cela n'inquiétait pas outre mesure le Sultan Abdul-Hamid ; ce qu'il eut désiré voir plus effective c'est la reconnaissance de son autorité spirituelle comme Khalife de tous les Mahométans du monde. Il aurait voulu, poussé par un esprit nationaliste très justifié, qu'il n'existât d'autre chef religieux suprême de l'Islam que lui. Ce n'était pourtant pas le cas et à plusieurs reprises il dut avoir recours à la force armée pour faire reconnaître son autorité de Khalife par certaines tribus arabes de la Mésopotamie, de la côte du Golfe Persique et de l'Arabie.

Pour assurer sa domination politique plus effective, il avait conçu le projet extrèmement habile, de réveiller chez tous les Musulmans l'esprit religieux un peu endormi, et profitant de la communauté d'aspirations ainsi créée, de consolider en même temps que son autorité spirituelle, son autorité politique.

C'est ainsi, que, par sa propre initiative, il entreprit la construction d'un chemin de fer de Damas aux Lieux Saints, à la Mecque et Médine, pour faciliter le voyage aux pélerins qui, chaque année, de tous les points du monde mahométan, viennent en masse au tombeau du Prophète. Comme à la Mecque et à Médine, le Sultan jouit de tout son droit de Khalife, il espérait étendre son influence sur tous les pélerins, et par leur intermédiaire, établir une union morale plus étroite entre les diverses parties du monde musulman.

Par la voie de Damas à Alep, Mossoul, Bagdad, Bassorah et au Golfe Persique, les parties les plus reculées de l'Empire pourraient être mises en communication directe avec les Lieux Saints, ce qui permettrait aux nombreux pélerins de la Haute et Basse Mésopotamie, de l'Arabie et surtout aux riches Indous, chez lesquels le mahométanisme se répand de plus en plus, de se rendre facilement au tombeau du Prophète. Les Egyptiens pourraient, eux aussi, y arriver sans grandes difficultés, soit par voie de terre, soit par voie de mer, et venir prendre contact avec les habitants des autres parties de l'Empire soumis à l'autorité commune du Sultan Khalife.

La ligne de Hedjaz, c'est-à-dire la voie allant aux Lieux Saints, est construite à l'aide de souscriptions volontaires de tous les Musulmans, ce qui symbolise assez clairement la pensée de celui qui l'avait conçue. Terminée, cette ligne aura une longueur de 2,200 kilomètres environ, dont 1,468 sont déjà en exploitation à l'heure actuelle. Celle-ci est aux mains de l'Etat turc, et il est probable qu'il ne s'en dessaisira jamais afin de conserver à cette voie son caractère essentiellement musulman et religieux.

Au point de vue de la propagande et de l'expansion religieuse et nationaliste musulmane, le chemin de fer de Bagdad viendrait s'ajouter à celui du Hedjaz, pour réaliser l'idée si caressée par le vieux Sultan.

Il reste encore à signaler un mobile accessoire qui rendait le Sultan Abdul-Hamid si partisan de l'établissement du chemin de fer de Bagdad.

Il possédait, dans la basse Mésopotamie, de grands domaines agricoles, qui, faute de moyens de transport, n'avaient jamais pu être exploités rationnellement, et il espérait qu'une fois la voie construite, ces terrains pourraient être mis en valeur, et que les produits qu'on en tirerait pourraient être exportés vers les marchés pour y être vendus au profit de la liste civile.

Avant de terminer ce chapitre, examinons rapidement quelles sont les raisons qui poussèrent le Sultan à accorder la préférence aux Allemands pour la construction de la voie nouvelle.

Après la guerre russo-turque et le Congrès de Berlin, la Turquie se trouvait profondément isolée ; sans amis ni alliés à l'extérieur. D'autre part, à l'intérieur, les finances étaient épuisées, l'administration complètement désorganisée, bref un vrai chaos. Aussi, le nouveau Sultan Abdul-Hamid, qui venait de succéder à son malheureux frère Mourad, était-il rempli d'inquiétude devant une situation aussi difficile. Conseillé par Midhat Pacha, l'un des fondateurs du parti Jeune Turc, le jeune Sultan, avait rêvé la régénération complète et le relèvement économique de son Empire. La proclamation du régime constitutionnel, l'appel aux Jeunes Turcs, éduqués en Europe, pour prendre part au gouvernement, tout cela indiquait assez le caractère de progrès et de réformes qu'il désirait donner à sa politique intérieure. Malheureusement, ce beau début ne fut pas de longue durée et se transforma bientôt en cette politique de despote asiatique qui a valu à Abdul-Hamid le nom de « Sultan Rouge ».

Au milieu de son isolement, il sentait la nécessité de se créer sinon des alliances, du moins des amis. Mais où les trouver ? Avec la Russie il venait de terminer la guerre ; avec l'Autriche-Hongrie, qui lui avait enlevé les provinces de Bosnie et d'Herzégovine, il ne pouvait pas non plus nouer des relations amicales. Il n'osait pas se tourner vers l'Angleterre qui, à titre de commission pour les services rendus au Congrès de Berlin, lui avait enlevé l'Ile de Chypre, car il craignait qu'en échange de son concours et alliance elle ne lui demandât encore des compensations. La France, la vieille amie de l'Empire, était toujours là, mais sa pénétration pacifique en Syrie commençait à lui inspirer une certaine inquiétude, et la forme républicaine de son Gouvernement surtout ne lui plaisait guère. Il lui fallait l'amitié d'une puissance autocratique et militairement forte, capable le cas échéant de lui prêter aide et appui.

A ce point de vue, c'était l'Allemagne qui, par sa forme d'Empire conservateur et militaire, lui convenait le mieux; de plus il connaissait les Allemands comme de bons soldats, car antérieurement déjà, ils avaient travaillé en Turquie à la réorganisation de l'armée ottomane.

Une autre raison qui le portait à préférer l'amitié de l'Allemagne, c'est qu'à cette époque ses visées politiques en Turquie n'apparaissaient pas encore. L'Allemagne, en 1878, n'inspirait encore aucune crainte comme pays colonisateur, tandis que l'Angleterre, la France, la Russie et l'Autriche-Hongrie, qui étaient déjà installées plus ou moins solidement dans certaines parties de l'Empire, ne lui donnaient pas tous ses apaisements.

La France était forte en Syrie et en Palestine ; l'Angleterre s'établissait en Egypte et à Chypre ; l'Autriche-Hongrie venait d'entrer en Bosnie-Herzégovine ; la Russie menaçait constamment les frontières d'Arménie et du Kurdistan. Demander l'amitié de l'une de ces puissances, qui se faisait toujours payer assez cher, c'était renforcer encore son influence et faciliter pour elle l'occupation définitive d'une nouvelle partie de l'Empire.

C'est pour cette raison que le Sultan pensa qu'il était préférable de se tourner vers de nouveaux venus, pour tacher de diviser le plus possible l'influence des étrangers en Turquie. Il voulait, en suscitant un antagonisme d'intérêts entre toutes ces Puissances, exploiter leur jalousie et faire en sorte qu'elles ne pussent jamais se mettre d'accord pour exercer une action commune contre lui.

C'était la politique qu'il avait inaugurée dans son Empire européen dans ses relations avec les nationalités : Serbe, Bulgare, Grecque, Albanaise, etc., et elle lui avait assez bien réussi jusque là. Ainsi, il accordait par exemple aux Bulgares certains avantages de nature à léser les intérêts des Grecs ou des Serbes. Ceux-ci exaspérés se révoltaient contre les Bulgares, et de cette façon il arrivait à maintenir entre tous ces éléments un antagonisme permanent qui les empêchait de s'entendre pour s'insurger contre leur ennemi commun, le Sultan Rouge, instigateur de ces combats sanglants qui attristèrent si souvent la Macédoine.

Le même procédé fut employé par le Sultan dans sa politique étrangère : diviser les puissances ayant des intérêts en Turquie, et agir de manière à ce qu'il y ait entre elles constamment des conflits d'intérêts et d'opinion qui ne leur permissent pas de se mettre d'accord.

L'Angleterre, de jour en jour, accroissait son prestige au Sud de l'Arabie, sur les côtes du Golfe Persique et le long du Chatt-El-Arab. Le Consul général anglais à Bagdad, qui jouit du titre de « Résident », possédait là-bas une influence extraordinaire. Il était plus respecté et plus écouté par les indigènes que le propre Gouverneur de la province, représentant officiel du Sultan.

Les Français, d'autre part, grâce à la propagande de leurs missionnaires, avaient établi solidement leur influence en Mésopotamie, et les missions des Frères Capucins et des Carmes possédaient déjà dans la Haute-Mésopotamie un siège épiscopal. Aussi leur pénétration par voie de culture intellectuelle augmentait de plus en plus. Elle avait conquis la Syrie et la Palestine, où la langue française est déjà plus usitée que la langue turque, langue d'État, et le Sultan se méfiait beaucoup de cette pénétration de la civilisation française.

Les visées de la Russie sur l'Arménie et le Kurdistan, où elle entretient des relations avec les comités révolutionnaires et les chefs kurdes qu'elle paye largement, n'étaient pas ignorées du Sultan et il se rendait très bien compte de son vif désir de s'emparer de la riche Mésopotamie et du Golfe Persique, qui constitueraient pour elle un très grand appoint dans le cas où se poserait la question du partage de la Perse.

Le Sultan voyait bien qu'en confiant la construction et l'exploitation du chemin de fer de Bagdad à l'une de ces trois puissances, il allait lui permettre de renforcer considérablement son influence, et qu'il ne pourrait bientôt plus y mettre un frein. Une fois bien installée, cette puissance pourrait invoquer en sa faveur certains « intérêts spéciaux » et le Sultan s'imaginait bien qu'une fois que l'on en serait là, tous ses efforts seraient vains pour arrêter l'extension de l'influence étrangère. Il entrevoyait donc la nécessité d'attirer une autre puissance aussi forte que les premières pour l'intercaler entre elles et susciter ainsi une hostilité qui les empêcherait de se mettre d'accord contre lui.

C'est vers l'Allemagne, déjà installée en Anatolie, qu'il se sentait le plus attiré pour mettre en œuvre sa politique. Abdul-Hamid ne prévoyait pas à ce moment qu'il arriverait un jour où sa politique de *Divide ut Impera* ferait un fiasco et qu'au lieu d'avoir trois ennemis, il en aurait quatre, tous puissants et capables par un accord relativement facile, de lui enlever tout le restant de son Empire (1).

En accordant la concession du chemin de fer de Bagdad aux Allemands, le Sultan escomptait obtenir en compensation, non seulement l'amitié de l'Empereur d'Allemagne mais aussi son alliance militaire et politique. Il espérait faire entrer la Turquie dans la Triple Alliance et obtenir de celle-ci, le cas échéant, aide et appui dans les conflits qui surgiraient avec les puissances installées dans son Empire.

L'idée du Sultan était très bonne, mais celle de l'Empereur d'Allemagne était bien supérieure !

---

(1) La coalition balkanique a été, pour la politique intérieure du Sultan Abdul-Hamid, un formidable échec, dont la conséquence est le partage de la Turquie d'Europe entre les anciens ennemis : Serbes, Bulgares, Grecs et Monténégrins. Le même fait n'arrivera-t-il pas peut-être un jour en Asie Mineure entre les quatre puissances les plus intéressées ?...

Guillaume II savait très bien que l'Empire turc, mal administré, aurait eu souvent besoin de son appui militaire contre des États avec lesquels l'Allemagne ne désirait nullement se brouiller pour sauver un ami dont elle n'avait pas encore obtenu de bien grands avantages. Et les faits nous ont prouvé que l'amitié de l'Allemagne pour la Turquie n'était guère solide, car dans ces derniers temps, chaque fois que le Sultan a fait appel à ses amis dans les moments critiques, ceux-ci se sont refusés à sacrifier des hommes et des capitaux pour sauver ses intérêts.

Pour confirmer notre exposé nous citerons un passage des mémoires du Sultan Abdul-Hamid, publiés récemment dans la revue allemande *Nord und Sud*, par le professeur Louis Stein (janvier 1913).

Le Sultan y exprime le regret que Bismarck et l'Empereur Guillaume II aient refusé d'admettre la Turquie dans la Triple Alliance.

— « L'Empereur Guillaume II aurait pu risquer tranquillement cette affaire (le chemin de fer de Bagdad), au lieu d'éparpiller ses forces superflues dans le monde entier et d'acquérir des colonies dont l'Allemagne ne récoltera jamais aucun fruit. L'Empire allemand, s'il nous avait compté au nombre de ses alliés, aurait pu étendre son influence jusqu'au Golfe Persique. »

Plus tard, faisant allusion à ses espoirs déçus en ce qui concerne son entrée dans la Triple Alliance, le Sultan s'effraye de la pénétration allemande dans l'Asie Mineure et il parle en ces termes :

« Il est véritablement grand temps que nous refoulions enfin l'influence allemande. Il faut que nous prouvions au grand seigneur qu'est le baron Marschal von Biberstein (l'Ambassadeur allemand à Constantinople) la méfiance qu'il nous inspire, lui et la politique allemande.

» Le plan de l'Empereur d'Allemagne, d'après ce que m'écrit mon Ambassadeur à Berlin, tendrait à créer une sphère d'influence en Asie Mineure. Je ne verrais certes aucun inconvénient à ce que les Allemands éveillassent l'activité économique en Anatolie, mais je ne veux pas, sous aucun prétexte, de la colonisation qu'ils désirent le long du chemin de fer de Bagdad. Les Allemands croient que nous abandonnerons à leurs colons les contrées anatoliennes, que nos pères acquirent au prix de tant de sacrifices !

» De tous temps nous avons malheureusement négligé de tenir l'élément étranger à distance. C'est de là que vient tout notre malheur. Mais en Anatolie, nous voulons et devons rester seuls, Allah soit loué ! Qu'au moins ce dernier refuge reste à nos compatriotes et corréligionnaires traqués de tous côtés. »

Il est trop tard déjà pour refouler l'influence allemande; elle s'est bien installée, et ni le Sultan Abdul-Hamid, ni les Sultans qui lui succèderont ne seront en état de se sauver des griffes de l'Aigle allemand ! En vain, le Sultan invoquera l'aide d'Allah pour sauvegarder l'Anatolie et la Mésopotamie ; ses prières resteront stériles, car le dernier refuge des fidèles commence à être envahi par les profanes.

* *

Les successeurs du Sultan Abdul-Hamid, les Jeunes Turcs, en arrivant au pouvoir en 1908, après une révolution pour ainsi dire pacifique, ont continué, presque sans la modifier, la politique du Sultan Rouge, en ce qui concerne leurs relations avec les nationalités et les puissances étrangères. Pour les Jeunes Turcs, toutes les puissances européennes étaient des oiseaux de proie et toutes voulaient la ruine de la Turquie.

Ils commencèrent par attaquer la France, qui ne voulait pas leur ouvrir ses caisses pour leur emprunt de 1909, et ils s'adressèrent aux Allemands. La Banque ottomane, l'Administration de la Dette publique, la Régie des Tabacs, toutes institutions franco-anglaises, essuyèrent le feu de leurs fantaisies.

Cependant, dans leurs attaques contre les Européens, ils ont toujours ménagé les Allemands, ce qui caractérise assez leur intention de suivre pas à pas la politique extérieure et intérieure du Sultan qu'ils venaient de détrôner. D'ailleurs le comité jeune turc se composait d'un grand nombre d'officiers ayant terminé leurs études en Allemagne et le chef du parti militaire au sein du comité, Mahmoud-Chefket-Pacha, était l'un des élèves de von der Golz ; dans ces conditions, il était bien aisé aux Allemands de maintenir leur influence sur les successeurs du Sultan Abdul, leur grand ami.

Au lendemain de la révolution, Guillaume II, le meilleur ami du Sultan Hamid, qui se présentait comme le protecteur de son trône et des 300 millions de Musulmans, se tournait vers les Jeunes Turcs et les aidait à découvrir le trésor du Sultan déchu, déposé dans les banques allemandes, tandis que son vieil ami languissait dans la villa Allatini à Salonique.

Cette politique amicale envers les Jeunes Turcs a largement profité au commerce et à l'industrie allemande. Toutes les commandes militaires, tous les grands travaux publics ont été confiés à des Allemands. Ces derniers ont réussi à se faire accorder la plupart des concessions que le nouveau régime distribuait à pleines mains, notamment l'irrigation de la plaine de Konia, le port d'Alexandrette, l'extension du réseau des chemins de fer d'Anatolie et d'autres travaux moins importants.

En ce qui concerne le chemin de fer de Bagdad, les Jeunes Turcs trouvaient aussi, comme l'ancien Sultan, que l'extension de l'Allemagne en Anatolie, en Mésopotamie et dans le Golfe Persique commençait à devenir inquiétante et ils auraient désiré y apporter des entraves.

L'opinion publique turque intervint dès le rétablissement du régime constitutionnel, mais toutes les critiques restèrent sans effet. L'influence de l'Ambassadeur allemand, le baron Marschal von Biberstein auprès de la

Sublime Porte, était tellement grande que les Jeunes Turcs étaient devenus un jouet entre les mains de cet habile diplomate.

Dès le mois de janvier 1909, l'organe des libéraux turcs, la *Ieni Gazetta*, écrivait : « Après le rétablissement de la constitution ottomane, cette question est l'une de celles qui touchent le plus près aux intérêts vitaux du pays. De quelles difficultés ne sommes-nous pas redevables à ce projet de chemin de fer, si favorable aux intérêts politiques et économiques de l'Allemagne qu'il promet de faire de l'Anatolie et de la Mésopotamie des colonies allemandes ! »

Une interpellation fut présentée à la Chambre ottomane par le chef des libéraux, Ismael Kémal bey, et le Grand Vizir du cabinet jeune turc Hakki-Pacha y répondit le 3 mars 1911 en ces termes :

« Les critiques que l'on vient de faire contre les garanties kilométriques visent des conventions passées autrefois entre le Gouvernement et les compagnies privées. Le devoir d'un Gouvernement soucieux de l'honneur national est de respecter les signatures données par ses prédécesseurs. Jamais tant que nous serons au pouvoir le Gouvernement ne déchirera les contrats qui concernent les chemins de fer. »

Le Gouvernement Jeune Turc a donc déclaré solonnellement qu'il comptait poursuivre l'exécution des travaux des chemins de fer et tout particulièrement de la ligne de Bagdad, d'après les conditions déjà établies. De plus, nous voyons que, dans la suite, les Jeunes Turcs ont accordé aux Allemands plus de facilité qu'il n'en était prévu dans la convention primitive pour la construction de la ligne. Ils comptaient s'attirer de plus en plus l'amitié des Allemands, espérant bien en tirer des profits réels le cas échéant.

Ainsi donc, la réalisation du chemin de fer de Bagdad se poursuit dans les mêmes conditions qu'auparavant, le Gouvernement Jeune Turc ayant des visées politiques identiques à celles de l'ex-Sultan Abdul-Hamid, inspirateur de cette entreprise.

b) **L'Allemagne et sa politique.**

1. — *Le début de l'influence allemande en Turquie.*

Le chemin de fer de Bagdad constitue pour l'Allemagne
la base de sa politique d'expansion en Turquie d'Asie.
Cette question fait partie de la « Weltpolitik » inaugurée
peut-on dire par Guillaume II et qui constitue en quelque
sorte, l'impérialisme allemand. Elle a pour but, soit
d'acquérir des colonies, soit de créer de nouveaux débouchés pour l'expansion économique, toujours grandissante,
de l'empire germanique.

Dans l'entreprise du chemin de fer de Bagdad, cependant, c'est plutôt la découverte de nouveaux débouchés que
vise la politique allemande ; c'est d'ailleurs la principale
tâche qu'elle a assumée.

La Nation allemande déploie aujourd'hui une activité
considérable dans la grande lutte économique ; elle essaie
de rattraper le temps qu'elle a perdu jusqu'ici, et de
prendre une place plus brillante parmi les puissances
industrielles et commerciales de l'Europe. Grâce au
travail opiniâtre de ses habitants, à leur intelligente persévérance, à leur esprit commercial avisé, à la sagesse des
hommes politiques qui ont tenu les rênes de l'Etat et qui
l'ont dirigé vers un développement général bien organisé,
l'Allemagne est parvenue, en un temps assez court, à
devenir non seulement une forte puissance militaire, mais
encore une grande nation commerciale et industrielle,

Depuis longtemps ses hommes d'Etat se sont attachés
non seulement à favoriser l'industrie, mais encore à lui
faciliter la création de débouchés nouveaux à l'étranger. Ils
se sont attachés également à procurer à l'Allemagne
les colonies dont elle a si grand besoin pour assurer ses

approvisionnements de matières premières et pour offrir un exutoire au trop plein de sa population sans cesse grandissante.

Mais, entrés tardivement, vers 1884, dans la voie de l'expansion coloniale, les Allemands ont trouvé les meilleures places occupées par les puissances colonisatrices. Et pourtant l'acquisition de territoires nouveaux constituait pour eux une nécessité capitale. Ils durent se contenter des reliefs du festin auquel les vieilles puissances étaient depuis longtemps assises. En effet, si nous jetons un coup d'œil sur la carte du monde entier au début de l'expansion allemande, nous trouvons à peine quelques lambeaux de terres en Afrique laissés par les Anglais et les Français, ce qui était loin de satisfaire aux besoins croissants de l'expansion de la Germanie.

Il fallait chercher des territoires nouveaux à mettre en valeur et à coloniser.

C'est dans l'héritage de « l'Homme malade », en Asie Mineure, que l'Allemagne les trouva.

La richesse de l'antique Mésopotamie et de l'Anatolie, ces vastes terrains de la vallée de l'Euphrate et du Tigre, attirèrent l'attention des dirigeants de la politique coloniale allemande.

Il n'y a pas bien longtemps, l'industrie et le commerce germaniques se dirigeaient encore principalement vers l'Occident, mais depuis un quart de siècle, l'Orient, c'est-à-dire l'Asie Mineure, attire de plus en plus l'attention des marchands et des industriels allemands. L'Allemagne toute entière, précédée de son Kaiser voyageur, s'est dirigée vers les conquêtes coloniales. Le *Drang nach Osten* est devenu l'un des principes essentiels de sa politique coloniale, de sa *Weltpolitik*. Commerçants, financiers, industriels, tous se sont entendus pour participer en commun à ce mouvement d'expansion en dehors des frontières. Les financiers allemands, pénétrés de l'idée que les banques doivent précéder le commerce et l'attirer, en lui facilitant les transactions et en organisant le crédit, ont ouvert, partout où le besoin s'en faisait sentir, soit des succursales, soit des filiales indépendantes. C'est le cas notamment pour la *Deutsche Bank*, la *Disconto Gesellschafft* et la *Dresdner Bank*.

L'industriel, de son côté, s'efforce par tous les moyens de satisfaire ses clients, en tenant compte de ses goûts, de ses préférences, de ses caprices même. Il soigne généralement, en même temps que la qualité de ses produits, leur présentation et ne craint pas d'accorder aux acheteurs de grandes facilités de paiement.

C'est grâce à cette collaboration intime et bien organisée des forces économiques et politiques du pays, que l'Allemagne est parvenue à être aujourd'hui l'une des plus grandes puissances commerciales du monde.

Son développement économique a été extrêmement rapide, et c'est peut-être là l'un des points faibles de l'organisation allemande d'aujourd'hui. Un économiste anglais, J. A. Ford, constatant que les victoires de 1870 avaient été pour l'Allemagne le point de départ d'une période sans exemple de progrès industriel et commercial, disait à ce propos : « Ce que l'Angleterre a atteint en un siècle, l'Allemagne l'a obtenu en un quart de siècle. Ce pays s'est tellement transformé que quelqu'un qui ne l'aurait plus visité depuis 1870, ne le reconnaîtrait plus. »

C'est en Turquie d'Asie tout particulièrement que la politique allemande fait apparaître cette collaboration étroite des hommes politiques, des commerçants et des financiers. Les relations politiques de l'Allemagne avec la Turquie sont relativement récentes ; cependant, avant même que fut constitué l'Empire d'Allemagne, la Turquie avait déjà quelques relations avec le Royaume de Prusse. Le célèbre orientaliste, professeur A. Vambéry, définit comme suit, en quelques traits (1), le caractère de ces relations :

---

(1) *La Revue*, 1902, p. 264.

« L'influence politique de l'Allemagne en Turquie
» répond à deux périodes différentes de l'histoire de ces
» deux pays.

» La première, toute transitoire, remonte au XVIIIme
» siècle, quand en 1771, le Sultan Moustapha II, envoya
» une ambassade à la Cour de Fréderic le Grand, avec la
» mission de s'assurer l'aide de ce prince contre la Russie.

» La seconde période des rapports turco-allemands date
» de 1871 avec le succès remporté par les armées alle-
» mandes sur les Français. La réputation militaire et le
» prestige de l'Allemagne grandissent à ce moment à
» Constantinople. »

C'est ce dernier point, la réputation militaire des armées
allemandes, qui attira l'attention des Turcs, qui s'occupaient à cette époque de la réorganisation de leur armée.

En effet, après le Hatti-Cheriff de Gulhané de 1839,
dont nous avons parlé précédemment, on s'occupait beaucoup en Turquie de l'organisation d'une armée à l'européenne. L'armée prussienne étant l'une des meilleures de
l'époque, le Grand Vizir Rechid Pacha fit appel à un
instructeur militaire de premier ordre de l'armée prussienne,
le futur maréchal von Moltke, qui vint en Turquie pour
réorganiser l'armée. Mais, tout en remplissant ses fonctions
il procédait à l'exploration à la fois militaire et économique
de l'Empire ottoman tout entier. Allant de village en
village, inspectant troupes et fortifications, il observait
attentivement les conditions d'existence et les mœurs des
Musulmans et se rendait compte, en explorant la Palestine,
l'Anatolie, la Mésopotamie, l'Arménie et le Kurdistan, du
grand avenir réservé à ces régions. Il avait pu constater que
la Turquie était avant tout sous l'influence de la France, de
l'Angleterre et de la Russie et qu'on n'y trouvait aucune
trace de l'influence allemande ou même autrichienne (1),

---

(1) De la Tour, *Revue de géographie*, 1902, p. 235

et à ce propos, il écrivait dans la *Gazette d'Augsbourg* les lignes suivantes :

« Il est remarquable qu'en Turquie on entende toujours » parler de ces trois puissances, mais jamais de l'Autriche. » On devrait, cependant, là-bas, avoir de la considération » pour cet État plus que pour aucun autre (1). »

Von Moltke concluait en demandant la fondation en Palestine d'une principauté allemande. L'économiste Roscher, en 1848, et Robertus un peu plus tard, allaient même plus loin. Ils espéraient, disaient-ils, « vivre assez long- » temps pour voir la Turquie entre les mains de l'Allema- » gne et les soldats allemands sur les rives du Bosphore». Et les Allemands se souciaient beaucoup de l'idée de développer la colonisation germanique en Turquie d'Asie et de faire de la Mésopotamie une nouvelle Allemagne.

Ce sont évidemment là des débordements de la joie des premiers succès d'une jeune nation. L'avenir nous en dira le vrai mot.

Toujours est-il que les relations entre ces deux pays, quoiqu'elles ne se développassent pas rapidement, ne se ralentissaient du moins pas non plus.

Les conseils de von Moltke ne furent pas oubliés du tout. En 1841, le Roi de Prusse, Frédéric-Guillaume IV, les mettait en pratique et posait les premières bases de l'influence allemande en Palestine. L'œuvre fut continuée et développée sous Guillaume Ier et le chancelier de Bismarck.

En 1867 s'établissaient en Turquie les Frères wurtembergeois, avec le pasteur Christophe Hofman, car, ici comme ailleurs, c'est par la propagande religieuse que l'on commença et celle-ci eut des résultats immédiats, surtout en Palestine où les missionnaires établirent d'abord leurs monastères et commencèrent leur action.

---

(1) Chéradame, *Le chemin de fer de Bagdad*, p. 2.

2. — *Le Chancelier de Bismarck et sa politique en Turquie.*

Jusqu'à la guerre franco-allemande, les relations économiques entre la Turquie et l'Allemagne ne prirent pas un essor très remarquable, mais, après le traité de Francfort, les Allemands commencèrent pour la première fois à suivre les Autrichiens dans leurs affaires financières avec la Turquie. Des banques austro-allemandes et austro-turques furent fondées à Constantinople avec leurs sièges principaux à Vienne, dans lesquelles des capitaux allemands, assez considérables, étaient engagés. Ces essais étaient dus à l'initiative privée de financiers allemands et le monde politique y restait à cette époque absolument étranger.

Le chancelier de Bismarck était entièrement absorbé par la consolidation du jeune Empire germanique; il y consacrait toute son énergie et ne s'occupait guère des affaires de Turquie. Il se vantait même auprès du prince Gortschakoff de ce qu'il n'ouvrait jamais le courrier d'Orient. C'est en 1876 qu'il dit au Reichstag, dans son discours sur la politique étrangère, ces paroles restées célèbres : « La question d'Orient ne vaut pas les os d'un simple grenadier poméranien ! »

Mais la guerre russo-turque venait de bouleverser la situation générale de la politique européenne, en modifiant entièrement la carte de l'Empire ottoman, et il y avait danger pour le nouvel empire d'avoir un voisin aussi puissant que l'était la Russie après le Traité de San Stéfano.

L'Angleterre, gardienne des détroits et de Constantinople, ne pouvait permettre aux Russes d'occuper dans les affaires d'Orient la première place qu'elle se réservait pour elle-même. C'est pour cette raison qu'elle réclama la réunion d'un Congrès des Puissances Européennes, qui étaient, aussi bien qu'elle et que la Russie, intéressées à la solution du conflit.

Elle parvint, au mois de juin 1878, à réunir le Congrès de Berlin dont elle confia la présidence au Chancelier de Bismarck, représentant de l'Allemagne ; elle le poussait ainsi, en quelque sorte, à s'intéresser malgré lui à la question.

Comme l'ont démontré les événements ultérieurs, cette politique a éprouvé depuis lors un formidable échec. Au lieu d'avoir affaire à la Russie agricole incapable de faire une concurrence redoutable aux produits anglais en Turquie, c'est contre l'Allemagne que l'Angleterre a maintenant à lutter, car celle-ci est devenue là-bas sa plus grande ennemie à la fois économique et politique. La politique anglaise n'avait réussi à éloigner du canal de Suez et de la route des Indes, la puissance moscovite, qu'en en rapprochant la puissance germanique! Ce n'est que plus tard, quand l'Allemagne était déjà solidement implantée en Orient et qu'il n'y avait plus aucun espoir de lui enlever les fruits de ses efforts, que les hommes d'Etat anglais se sont rendus compte de leur erreur.

L'intervention de Bismarck au Congrès de Berlin marque le début de l'influence de l'Empereur Guillaume II dans l'Empire ottoman. Dans son discours prononcé au Reichstag, peu avant la réunion du Congrès de Berlin, le 19 février 1878, il décrivait dans ses grandes lignes le caractère de sa politique en Orient.

« Nous ne pouvons que donner des conseils généraux ; suivant moi, la médiation ne consiste pas à jouer l'arbitre ; elle consiste à remplir l'office d'un honnête courtier (! !) réussissant à mener l'affaire à bonne fin. »

Ces paroles, il les avait prononcées à propos d'une intervention amicale dans le conflit russo-turc. Il y est resté fidèle, et n'a été en effet qu'un « honnête courtier… » mais qui a prélevé sur son client turc un courtage bien élevé !

Secondé par l'Angleterre, Bismarck réussit à déchirer le Traité de San Stéfano, à délivrer le Sultan des griffes de la Russie, et à assurer à l'Autriche une extension territoriale dans les Balkans. En orientant ainsi la politique de l'Autriche vers les Balkans, il la détournait de l'Allemagne, et en même temps il s'attirait l'amitié de l'Angleterre qui lui était précieuse et qui fut très habilement exploitée dans la suite par l'Empereur Guillaume II. D'un seul coup, il faisait tomber les obstacles qui retenaient l'Empire allemand en Europe centrale, en le dirigeant vers de nouvelles conquêtes économiques et politiques.

3. — *Les premières concessions accordées aux Allemands en Turquie.*

Une fois le Congrès terminé, l'Allemagne se présenta au Sultan pour réclamer des compensations en échange du service qu'elle avait rendu à la Turquie.

Celles-ci ne se firent pas longtemps attendre et en 1882, une mission militaire allemande fut envoyée à Constantinople pour continuer la réorganisation de l'armée turque commencée lors de la guerre de Crimée en 1878 par une mission française. Le chef en était le général von der Golz, qui acquit bien vite les sympathies du Sultan et de la Sublime Porte. Il devint bientôt un personnage très important à Constantinople et mit toute son influence en jeu afin d'en faire profiter son pays. C'est ainsi qu'il réussit à détourner les commandes militaires turques, faites antérieurement en France, vers les usines allemandes. En trois ans, Krupp reçut ainsi pour 80 millions de francs de commandes.

D'autre part, à cette époque, les banques allemandes portaient leur attention vers l'Orient. Et l'on peut dire que c'est depuis le Congrès de Berlin que l'Orient est devenu le champ d'activité par excellence des hommes d'État et des financiers allemands, encouragés en cela par l'Empereur Guillaume II.

Il semble bien que cette orientation nouvelle de la politique allemande en ces dernières années n'a été, ni le résultat du hasard et des circonstances, ni l'effet du caprice d'un souverain, mais qu'elle résulte uniquement des besoins nouveaux de l'Empire.

Dès que l'Allemagne est devenue un grand pays industriel, commercial et exportateur, elle a dû s'appliquer à chercher des débouchés pour ses produits, des commandes pour ses ouvriers et des affaires pour ses banques. L'Asie Mineure est apparue aux Allemands comme un débouché excellent et comme un champ d'action immense pour leur industrie, grâce aux travaux qu'il s'agissait d'effectuer dans ces vastes territoires pour leur mise en valeur. Transformer l'Asie Mineure, la secouer de sa léthargie et exploiter ses richesses, tel fut le programme dont la réalisation fut poursuivie avec une continuité de vue et un esprit de méthode dont aucun pays n'a donné à notre époque un exemple aussi remarquable.

Pour bien connaître le pays et ses perspectives de développement économique dans un prochain avenir, les Allemands y envoyèrent à maintes reprises, des missions, comme par exemple celle du Consul général allemand à Constantinople et de l'ingénieur en chef prussien Mackensen, ou une autre encore envoyée par l'Empereur lui-même et dirigée par le major Morgen. Ces missions rapportèrent des renseignements nouveaux sur les contrées parcourues et contribuèrent ainsi à la connaissance plus complète des ressources du pays. Des livres et des brochures sur ces régions asiatiques furent publiés en grand nombre, et l'on cite tout spécialement l'ouvrage du Dr Sprenger, intitulé : *La Babylonie, la terre la plus riche du passé, est le champ de colonisation le plus rémunérateur du présent*, dans lequel il faisait ressortir la richesse du sol de la Mésopotamie et de la Syrie tout en conseillant de se rendre vers ces pays, qui étaient, disait-il, les seuls territoires qui n'étaient pas encore ouverts à la colonisation.

Le Dr Kaerger développa les mêmes idées dans la brochure : *L'Asie Mineure, champ de colonisation allemande.*

Les pangermanistes soucieux du maintien et de l'extension de la race germanique prétendaient que « l'intérêt allemand demandait que la Turquie d'Asie, au moins, fut placée sous le protectorat allemand ».

Ainsi furent publiés toute une série de livres dont le but était de montrer au public allemand l'intérêt que présentait pour lui la Turquie d'Asie et de l'engager à mettre ses épargnes à la disposition des banques et des financiers allemands qui allaient entreprendre cette œuvre de pénétration pacifique en Asie antique.

« Chaque ligne de chemin de fer établie en pays étranger et dont les actions sont restées dans notre pays, est en même temps un élément de notre développement extérieur et l'origine de relations durables avec un nouveau centre économique. » Ainsi s'exprimait l'industriel bien connu, le très distingué président de la « Deutsche Bank », feu le le D^r von Siemens.

Il n'y avait en effet pas de meilleur moyen pour entreprendre la nouvelle conquête, que l'établissement des lignes ferrées dont l'Asie Mineure avait tant besoin. Le maintien de la tranquillité et de l'ordre, l'exploitation des richesses, la diffusion des méthodes modernes de culture, exigeaient de bonnes communications et principalement l'établissement de voies ferrées vers la capitale. L'éminent industriel l'avait bien compris, et c'est pourquoi les Allemands déployèrent toute leur activité pour s'emparer des concessions de chemins de fer en Asie Mineure.

La « Deutsche Bank » disposant de ressources considérables (1) et entretenant des relations avec les financiers de

---

(1) Fondée en 1871, avec un capital de 15 millions de marks, elle l'augmenta rapidement et successivement à 100 millions en 1895, à 200 millions de marks en 1905. Les dividendes en 1894 = 4 %, en 1910 = 12 %, avec 5 % pour réserve.

Paris, était assez puissante pour se mettre à la tête de la conquête allemande en Orient.

Comme nous l'avons vu dans le premier chapitre, cette banque racheta en 1888 la ligne de Haïdar-Pacha-Ismidt, obtint dans la suite la concession des lignes ferrées d'Anatolie et constitua de la sorte en 1893 la « Compagnie des Chemins de fer d'Anatolie » dont nous avons parlé précédemment. La « Deutsche Bank » avait obtenu cette concession avec une garantie de recette kilométrique brute de 15,000 francs par an. Pour la ligne Haïdar-Pacha-Ismidt, elle obtenait également une garantie de 10,300 francs.

Après ce premier succès, les Allemands s'efforcèrent d'obtenir encore de nouvelles concessions. Ils avaient, entre autres, conçu l'idée de relier la capitale turque au Golfe Persique, ce qui, grâce à la ligne Berlin-Vienne-Constantinople, devait faciliter considérablement l'extension économique de l'Allemagne en Turquie d'Asie et en Perse, en évitant le passage par le Canal de Suez, soumis de plus en plus à l'influence anglaise.

Le 3/16 février 1893, la Compagnie d'Anatolie obtint la concession d'une ligne ferrée d'Eski-Chéir à Konia, avec embranchement d'Alayund à Kutahia, formant un ensemble de 445 kilomètres qui furent achevés en 1896. La garantie primitivement accordée pour ce tronçon était de 5,000 francs par kilomètre jusqu'à concurrence d'une recette de 8,800 francs. Si cette recette de 8,800 francs était dépassée, la subvention de 5,000 francs était réduite d'autant. Mais en 1898 la Compagnie réussit à faire élever la garantie de 5,000 à 6,750 francs. Le paiement en était assuré par les dîmes des sandjaks de Trébizonde et de Gumhané, encaissées par la Dette publique ottomane.

Les Allemands se rapprochaient ainsi de plus en plus de la réalisation du « Bagdadbahn », appelé à couronner leur œuvre de pénétration en Turquie d'Asie.

Mais avant de solliciter la concession de cette dernière

ligne, les Allemands se sont rendu compte qu'il fallait obtenir d'autres concessions encore, économiques et de transports, qui avaient des rapports étroits avec la nouvelle ligne à créer.

En premier lieu il était nécessaire de se rendre maîtres de la tête de ligne, c'est-à-dire du port de Haïdar-Pacha, ensuite il fallait s'accaparer des lignes secondaires voisines de celle de Bagdad. La concession du port de Haïdar-Pacha à une puissance étrangère concurrente de l'Allemagne, pouvait entraîner de graves difficultés dans l'avenir ; il était donc absolument nécessaire pour les Allemands de se l'approprier. A cet effet, l'Empereur fut sollicité de venir en personne demander à son ami le Sultan Abdul-Hamid la concession de la construction et de l'exploitation du port de Haïdar-Pacha, et comme le Kaiser ne refuse jamais de faire une démarche lorsqu'il s'agit du progrès de son Empire, une fois arrivé sur le Trône en 1888, sa première visite fut pour le Sultan, qu'il sembla à partir d'alors traiter en « ami et allié ». C'est ainsi, notamment, que pour lui prouver son amitié il fit ériger à Constantinople une fontaine monumentale dédiée au Sultan Hamid, et y fit graver une inscription dans laquelle il se déclare « l'ami véritable de S. M. le Sultan Abdul-Hamid Chan ».

Cette première visite au Padischah des Ottomans avait été fructueuse, mais au fur et à mesure que les Allemands avançaient, ils réclamaient de nouvelles concessions et de nouveaux privilèges. En octobre 1898, l'Empereur se remit en route pour la Palestine. Le 3 novembre 1898, à Damas, en déposant la palme sur le tombeau de Saladin, Guillaume II prononça un discours dans lequel il manifestait à nouveau ses sentiments à l'égard de son « vrai ami » le Sultan Abdul-Hamid, C'est d'alors que datent les paroles restées fameuses qui ont retenti à travers le monde musulman tout entier :

« Puisse Sa Majesté le Sultan, ainsi que les 300 millions

de Mahométans qui vénèrent en lui leur Khalife, être assurés que l'Empereur d'Allemagne est leur ami pour toujours. »

De tels témoignages de sympathie ne pouvaient passer inaperçus ; aussi Abdul-Hamid, détesté de toute l'Europe, accepta-t-il cette amitié avec reconnaissance.

C'est grâce à elle que fut accordée à la compagnie d'Anatolie la concession de la construction et de l'exploitation du port, des quais et des entrepôts de Haïdar-Pacha, vis-à-vis de Constantinople. Cette concession contenait des privilèges très importants et ce sont eux qui permirent à la Compagnie d'intervenir dans la suite dans la question des quais de Constantinople et de s'accaparer facilement du contrôle des moyens de transport entre la capitale et l'Asie Mineure.

La surveillance du commerce de Constantinople et de son port paraissait nécessaire aux Allemands qui désiraient rester les maîtres dans ces régions et auraient voulu continuer dans la capitale l'action qu'ils exerçaient à Haïdar-Pacha, où ils étaient solidement établis. Or, le port, les quais et les entrepôts de Constantinople se trouvaient entre les mains d'une société française fondée en 1894, qui avait même subi des pertes considérables lors de la construction des quais. Les Allemands, envieux de cette concession, employèrent tous les moyens pour en déposséder les Français à leur profit. Sous l'instigation et les intrigues du baron Marschal von Bieberstein, Ambassadeur d'Allemagne à Constantinople, le Gouvernement suscita à plusieurs reprises des conflits avec la Société, qui retardèrent considérablement les travaux de construction, à tel point que l'Ambassadeur de France, M. Constans dut même intervenir en 1901 pour sauvegarder les intérêts de la Société. C'est grâce à cette intervention que la Compagnie parvint à faire redresser les stipulations les plus défavorables de son contrat avec le Gouvernement turc, et à éviter un rachat plutôt forcé que volontaire.

Les Allemands insistaient fortement auprès du Gouvernement turc, pour qu'il consentit à racheter la concession, quoiqu'ils fussent certains qu'il ne possédât pas les ressources suffisantes. Ils espéraient voir le Gouvernement ottoman s'adresser à eux pour obtenir les sommes nécessaires au rachat, et demander alors en échange la concession de l'exploitation.

La *Deutsche Zeitung* écrivait à ce propos en novembre 1902 :

« Le Gouvernement turc n'a pas actuellement l'argent nécessaire au rachat et ne saurait se charger lui-même de l'administration des quais. Il devrait donc se trouver quelqu'un qui lui fournirait les fonds et se chargerait de l'exploitation. Ce serait la Compagnie d'Anatolie, et comme la Deutsche Bank est derrière elle, ce serait la Deutsche Bank elle-même. »

Et plus loin, espérant réussir dans ses combinaisons, elle continuait :

« Après que les quais seront achetés par les Allemands, nous pourrons établir des tarifs qui mettront fin à tout commerce non allemand ; nous grouperons tous les chemins de fer et les quais (de Constantinople et de Haïdar-Pacha) en un grand trust allemand placé sous le contrôle de la Deutsche Bank. Les chemins de fer ne transporteront que des marchandises allemandes, et ainsi la Turquie deviendra une province allemande. »

Ces lignes caractérisent assez les vastes ambitions que les Allemands nourrissaient vis-à-vis de la Turquie et qu'ils nourrissent encore actuellement en ce qui concerne l'Asie Mineure.

Mais, outre le port de Haïdar-Pacha, il fallait encore s'emparer des lignes ferrées déjà existantes ou à construire. Or, les lignes voisines de la ligne d'Anatolie sont aux mains des Français et des Anglais, qui ne sont pas disposés à s'en dessaisir, surtout au profit des Allemands !

La plus importante d'entre elles, qui touche de près à la

future ligne de Bagdad, est celle de *Smyrne-Cassaba*, construite en 1863 et appartenant à une Compagnie française. Elle a été prolongée en 1871 jusqu'à Alachéir et en 1893 jusqu'à Affioun-Karahissar, d'où elle devait être reliée à la ligne d'Eski-Chéir-Konia de la Société d'Anatolie.

La Compagnie d'Anatolie désirait vivement être intéressée à cette affaire; aussi entama-t-elle avec les dirigeants français, des négociations qui aboutirent en 1899 à un compromis entre la Banque impériale ottomane représentant le groupe français, et la Compagnie d'Anatolie. En vertu de cet accord, deux administrateurs de la Société d'Anatolie entraient dans le Conseil d'administration de la Compagnie Smyrne-Cassaba et deux administrateurs de cette dernière Compagnie devenaient administrateurs de la première. Le but de cet arrangement était de poursuivre d'un commun accord les démarches nécessaires pour obtenir la concession de la ligne de Bagdad, à partir de Konia, terminus de la ligne d'Anatolie. La participation financière dans le capital nécessaire à la création de la ligne de Bagdad fut fixée à 40 % pour le groupe français, représenté par la Banque ottomane et à 60 % pour le groupe allemand représenté par la « Deutsche Bank ». Cette combinaison avait pour effet de faire entrer la Compagnie d'Anatolie et l'influence allemande dans l'administration de la ligne Smyrne-Cassaba.

Les résultats de cet accord apparurent bientôt, et en 1901 la Sublime Porte autorisa la jonction de la ligne d'Anatolie avec la ligne Smyrne-Cassaba, à Affioun-Karahissar, jonction qu'elle avait toujours refusée à la Compagnie française.

Une autre ligne située dans le voisinage de la future ligne de Bagdad est celle de Smyrne à Aïdin, concédée en 1856 à une compagnie anglaise. Les Allemands voulurent agir à son égard, comme à l'égard de la Compagnie française, mais ils se heurtèrent ici à un *non possumus* de la part des Anglais, qui pressentaient leurs intentions. Ils ne tardèrent pourtant pas à acquérir un grand nombre de titres de cette Compagnie, et il semble bien que tôt ou tard cette affaire se trouvera entre les mains des Allemands.

Aux portes de Cilicie, il existe encore une petite ligne de 67 kilomètres de Mersina, beau port de la Méditérranée, à Adana. Ce tronçon fut construit en 1886 sans garantie kilométrique, par un groupe d'Anglais. Ils ont vainement essayé d'obtenir de la Porte un prolongement au - delà du Taurus vers Bagdad et le Golfe Persique, car, ici encore, les Allemands sont toujours intervenus pour se livrer à des intrigues et combattre leur demande; la Compagnie s'est vue, dès lors, dans l'impossibilité de continuer l'exploitation et elle a fini par être absorbée par la Compagnie d'Anatolie qui avait acquis la majorité des titres et a, en 1895, incorporé cette ligne au réseau du Bagdadbahn.

4. — *La concession du chemin de fer de Bagdad.*

Après avoir ainsi écarté tout danger de concurrence, la Compagnie d'Anatolie se mit au travail pour obtenir les autorisations nécessaires en vue d'effectuer les études préalables de la ligne de Bagdad. Après la visite de l'Empereur à Damas, celles-ci lui furent accordées le 23 décembre 1898, par une convention conclue entre Zihni Pacha, ministre des travaux publics, et le D^r von Siemens au nom de la Compagnie d'Anatolie. Celle-ci stipulait :

« Il est entendu que la Société s'engage, dès aujourd'hui,
» à ne jamais céder ni transférer à une autre société quel-
» conque soit la ligne existante de Haïdar-Pacha à Angora
» et Konia, soit celle à construire de Konia à Bagdad et
» Bassorah. Le Gouvernement Impérial, de son côté, con-
» serve également la faculté d'exercer, à quelque époque
» que ce soit, son droit de rachat sur la ligne de Konia à

» Bassorah. En cas de rachat, si le Gouvernement Impé-
» rial ne juge pas convenable de la faire exploiter par ses
» propres agents, il n'en cèdera pas l'exploitation à une
» autre compagnie, mais il promet de la passer à la So-
» ciété d'Anatolie par voie de bail. »

Dans cette convention provisoire, on aperçoit déjà l'importance des privilèges réservés aux concessionnaires.
La Société ne pourra, en effet, jamais céder l'exploitation à une autre compagnie, ce qui fait que la Compagnie
d'Anatolie reste, *nolens volens*, l'unique propriétaire de
cette ligne.

Par l'article 1ᵉʳ de la Convention du 5/18 mars 1903
octroyant la concession de la ligne à la Société d'Anatolie,
le gouvernement accorde à cette Société « la construction d'une ligne partant de Konia, terminus de la ligne
d'Anatolie, et aboutissant à Bassorah en passant le plus
près possible des villes de : Eregli, Adana, Hamidié,
Bagtché, Karanli, Kilis, Tell-Habech, Haran, Nisebin,
Tel-Avenat, Mossoul, Pevret, Sadidje, Bagdad, Kerbela,
Nedjeff, Zobeir et Bassorah, ainsi que les embranchements suivants :

» 1. De Hamidié à Kastabol ;
» 2. De Tell-Habech à Alep ;
» 3. D'un point à fixer d'un commun accord sur la
ligne principale à Ourfa (30 kilomètres, sans garantie
kilométrique) ;
» 4. De Sadidje à Hanekine (frontière persane) ;
» 5. De Zobeir à un point à déterminer sur le Golfe
Persique.

» La durée de la concession sera de quatre-vingt-dix-
neuf ans, s'appliquant à tout l'ancien réseau d'Anatolie,
c'est-à-dire à celui déjà existant de Haïdar-Pacha à Konia
et au nouveau. La ligne est divisée en sections de 200 kilomètres, et un délai de huit ans est accordé à la Société
pour l'achèvement des travaux de la première section, de
Konia à Boulgourlou. »

L'article 4 prévoit le cas où les travaux devraient être suspendus pour cas de force majeure et stipule :

« Dans les cas de force majeure sont comprises les éventualités d'une guerre entre les puissances européennes et d'un changement capital (! !) dans les situations financières de l'Allemagne, de l'Angleterre et de la France. »

Cet article manque de précision car il est permis de se demander ce que l'on a voulu considérer en parlant « d'un changement capital dans les situations financières ».

« La Société recevra gratuitement tous les terrains avoisinants la ligne, nécessaires à la construction et à l'exploitation de celle-ci, si ces terrains appartiennent à l'Etat et constituent les terrains dénommés *Erazi-Emiriés-Haliés*. »

Par l'article 8, la Société est exempte, pendant la durée de la construction, de tout impôt, droit de douane et timbre, pour les matériaux, bois, houille, machines et approvisionnements achetés à l'étranger ou à l'intérieur du pays; la construction une fois terminée, l'importation de la houille restera encore exempte d'impôt. Les actions et les obligations ne seront pas frappées de droit de timbre. Pour le transport du matériel sur le Tigre et l'Euphrate, la Société est autorisée à organiser un service spécial de transport exempt de toutes charges d'Etat; de plus, elle peut faire couper des bois dans les forêts appartenant à l'Etat situées le long de la ligne. Le Gouvernement accorde également à la Société un droit de préférence pour l'établissement des lignes voisines de la ligne concédée, de même que pour les jonctions et constructions des ports de Mersina et Alexandrette. Le Gouvernement se réserve le droit de rachat de la concession après les trente premières années, moyennant le paiement d'une somme annuelle équivalente à 50 % des recettes brutes moyennes des cinq années précédant le rachat.

La Société obtient *le droit d'exploiter toutes les mines* non encore concédées, dans une zone de 20 kilomètres de l'axe de la voie.

Par l'article 23, la société acquiert encore le droit de construire des ports le long de la ligne de Bagdad à Bassorah, et en un point à fixer sur le littoral du Golfe Persique, avec toutes les installations nécessaires pour l'accostage aux quais.

Mais la partie la plus importante de la convention est celle où il est question de la garantie kilométrique et de son règlement. L'article 3 stipule à ce sujet ce qui suit :

« Le Gouvernement garantit aux concessionnaires le paiement d'une annuité de 12,000 francs par kilomètre de chemin de fer construit et exploité et le paiement, à titre de frais d'exploitation, d'une somme de 4,500 francs par kilomètre exploité. Si les recettes kilométriques brutes de la ligne dépassaient 4,500 francs, la totalité du montant dépassant cette somme jusqu'à concurrence de 10,000 francs reviendrait au Gouvernement ; 60 % des recettes brutes dépassant 10,000 francs lui reviendraient de même et 40 % à la Société. Il est également entendu que le paiement des dites sommes sera directement fait à la société par les soins de l'administration de la Dette publique. Il est enfin formellement convenu que l'annuité de 12,000 francs par kilomètre sera prise sur les affectations spéciales à déterminer d'un commun accord entre le Gouvernement et la Société. »

En fait, la garantie est bien de 16,500 francs, et on distingue : la garantie de 12,000 francs et les frais d'exploitation de 4,500 francs, uniquement afin de ne pas émouvoir l'opinion publique en Turquie et en Europe, où l'on pourrait peut-être trouver la somme exagérée.

« Le Gouvernement peut demander à la Compagnie la construction d'un embranchement allant de la ligne principale à Diarbékir et Kharpout aux mêmes conditions que la ligne principale. »

Telles sont dans leurs grandes lignes les stipulations

principales de cette convention (1), qui accordait à la Compagnie d'Anatolie la concession à des conditions telles qu'aucune autre compagnie analogue n'en avait encore obtenues en Turquie.

Nous trouvons, notamment en examinant les conditions de plus près, que nulle part il n'est question de la longueur de la ligne principale et de ses embranchements, dont l'ensemble atteint près de 2,800 kilomètres ; celà parait avoir été fait essentiellement dans le but de ne pas laisser apparaître toute l'importance de cette ligne et de donner à l'opinion publique européenne moins de prétextes de protestations. On voulait qu'elle n'apparut que comme une ligne secondaire n'intéressant que les régions traversées et n'ayant aucune valeur internationale. Or, pour les promoteurs allemands, cette ligne avait une importance capitale, en ce sens qu'elle permettra de gagner quatre jours sur le voyage aux Indes et en Extrême Orient, et qu'elle détournera vraisemblablement certains trafics qui s'effectuent aujourd'hui par le canal de Suez.

La convention ne fait pas davantage allusion au délai d'achèvement de la construction pour le réseau tout entier ; celui-ci peut donc être retardé indéfiniment, et en réalité jusqu'à ce que la Compagnie ait réussi à se faire accorder des garanties suffisantes pour le paiement des sommes affectées à la garantie kilométrique.

Il y est également question de terrains, mais dans des termes très vagues, de sorte que la Compagnie conserve toute latitude pour s'installer là où elle le juge utile et pour créer même des établissements parfois étrangers à l'exploitation de la ligne, telles que des stations agricoles, par exemple.

En ce qui concerne le droit d'importer la houille en franchise douanière, nulle part il n'est fait mention d'une quantité maxima, ce qui fait que la Compagnie pourrait

____

(1) Voir annexe.

très bien utiliser la houille importée en franchise dans des entreprises autres que le chemin de fer établis par elle et qui n'auraient aucune raison pour profiter de cette faveur.

La convention stipule que la Compagnie a le droit de construire les ports et les installations nécessaires le long de la voie et de ses embranchements. C'est là une faveur unique en son genre, qui constitue un véritable monopole dans la région traversée par la ligne, car la surveillance des ports de Mersina, d'Alexandrette, de Bagdad, de Bassorah et du Golfe Persique correspond, ni plus ni moins, à une main mise sur toute l'Anatolie du Sud et la Mésopotamie.

L'article 19 prévoit le rachat de la ligne par l'Etat turc après 30 années de concession, moyennant le paiement d'une somme annuelle équivalente à 50 % des recettes brutes moyennes des cinq années précédant le rachat. Mais il est plus que probable que l'Etat turc ne sera pas en mesure de racheter cette ligne avant l'expiration de la concession, à cause du mauvais état de ses finances.

La Compagnie a de plus demandé et obtenu le droit d'exploiter toutes les mines non encore concédées dans une zone de 20 kilomètres de part et d'autre de l'axe de la voie. C'est là une stipulation très importante au point de vue du progrès de la colonisation allemande, car pour exploiter les mines et les carrières dans cette zone, la Compagnie doit faire venir des colons qui, en dehors de l'exploitation minière, peuvent s'occuper d'agriculture et d'autres travaux de ce genre, et constituer le noyau d'une population sédentaire susceptible d'être l'avant-garde des colons à venir. Une telle clause est très avantageuse aux Allemands, car ces territoires, qui n'ont encore été que fort imparfaitement explorés, sont considérés comme extrêmement riches et ouvrent à la colonisation de très vastes perspectives.

Une même concession a été sollicitée en 1910 par un groupe financier américain, pour la construction de lignes ferrées dans le bassin de la Mer Noire, avec une zone de 40 kilomètres, mais la Chambre ottomane s'est prononcée contre cette demande visant la colonisation de régions habitées par les Turcs.

La partie la plus importante de la concession est celle qui se rapporte à la garantie kilométrique.

Celle-ci est de 16,500 francs par an comprenant une somme fixe de 12,000 francs et une autre de 4,500 francs pour frais d'exploitation. Or, si nous envisageons les garanties accordées aux sociétés analogues, nous ne trouvons qu'une seule ligne, celle d'Alacheir - Affioun - Karahissar, où la garantie soit plus élevée (18,800 francs). Le ministre turc n'a nullement tenu compte dans cette circonstance des différences de revenus que les diverses sections peuvent procurer. On remarque souvent qu'alors que certaines sections ne peuvent se suffire à elles-mêmes, d'autres le peuvent facilement et sont même capables d'indemniser les plus pauvres. Ainsi les tronçons d'Adana, d'Alep, de Diarbékir, de Mossoul, peuvent non seulement supporter les frais d'exploitation, mais dans peu d'années ils fourniront un excédent. Aussi fallait-il au moins adopter le système des garanties différentielles variables de section en section et faire des calculs de prévisions, eu égard aux richesses des régions traversées, et obtenir une moyenne de revenu global qui servirait de base pour l'indemnité kilométrique. Si on avait procédé de la sorte, nous sommes persuadés qu'on aurait obtenu une garantie moins élevée que celle qui a été accordée.

En parcourant cette convention où presque chaque paragraphe gratifie les concessionnaires allemands d'un avantage nouveau, on se rend compte du succès qu'a rencontré la politique d'expansion de l'Empire germanique en Turquie et des résultats auxquels peut aboutir une politique de longue haleine poursuivie fidèlement pendant de nombreuses années.

5. — *L'Expansion allemande en Turquie d'Asie.*

Tous ces privilèges accordés aux Allemands en Asie Mineure n'ont pas échappé aux autres puissances qui possèdent également en Turquie des intérêts considérables. La Russie, l'Angleterre et la France y sont depuis longtemps installées. En Mésopotamie, tout spécialement, les intérêts anglais et russes qui se heurtent à chaque instant à ceux de l'Allemagne, se sont sentis lésés par les succès d'un concurrent, et ces deux puissances ont cherché à apporter des entraves aux progrès nouveaux de leur rivale.

La Russie a intérêt à ne pas permettre à une autre puissance de s'établir dans le bassin de la Mer Noire ou du côté de l'Arménie et du Kurdistan, qu'elle convoite depuis si longtemps.

Quand, en 1899, les premières autorisations furent accordées aux Allemands pour procéder aux études préalables de la ligne de Bagdad, les Russes avaient déjà fait des démarches auprès de la Sublime Porte, pour les empêcher d'obtenir des concessions dans les parages de la Mer Noire, où la Russie pouvait éventuellement avoir à livrer bataille aux Turcs. Ces démarches, entreprises par M. Zinowjev, Ambassadeur russe à Constantinople, réussirent et en vertu d'un irradé impérial du 7 avril 1900, le Gouvernement ottoman s'engagea à n'accorder qu'à des capitalistes russes la construction et l'exploitation des voies ferrées qu'il jugerait utile de créer sur le littoral de la Mer Noire, s'il renonçait à les exécuter pour son propre compte.

La région ainsi concédée est limitée au sud par une ligne allant de Van à Bitlis, laissant Karphout au sud, passant par Sivas, puis au nord d'Angoia et aboutissant à la Mer Noire à l'est d'Héraclée. Les Russes essayèrent encore dans la suite, par la voie diplomatique, de mettre des entraves à l'expansion allemande en Anatolie et en Mésopotamie, mais ils n'y parvinrent pas. De leur côté, leurs financiers s'abstinrent de prendre part aux émissions d'emprunts que les Allemands lançaient sur les marchés russes, mais tout cela n'empêcha guère les Allemands d'avancer dans leur entreprise !

Mais bientôt, lorsqu'il s'agit du raccordement de la ligne de Bagdad au réseau persan, à construire à la frontière turque-persane à Hanekine, la Russie s'aperçut que les Allemands venaient les déranger jusque dans leur zone d'influence en Perse; ceux-ci, en effet, une fois maîtres de la ligne de Bagdad, et se trouvant dans le voisinage immédiat de la Perse, pays susceptible d'être l'objet de leur expansion économique, nourrissaient l'espoir d'étendre un jour leur influence dans le pays du Chah, aidés en cela par de bonnes voies de communication.

Au début, les Allemands poursuivaient en Perse des visées purement économiques et réclamaient uniquement des avantages commerciaux. C'est dans ce sens qu'à la séance du Reichstag du 24 mars 1909, le chancelier de Bülow avait nettement tracé les grandes lignes de la politique allemande en Perse :

« Notre situation en Perse ne s'est en rien modifiée. Nous ne poursuivons dans ce pays aucune visée politique; nous nous y consacrons seulement aux tâches économiques fixées par le Traité de commerce que nous avons conclu avec la Perse et qui reste en dehors des accords conclu avec des tierces puissances, auxquels nous n'avons pas participé.

» Nos intérêts se trouvent sauvegardés si l'on respecte l'indépendance et l'intégrité de la Perse et s'y l'on y maintient la liberté de commerce (1). »

Quand, en avril 1910, la Perse entama des négociations avec les financiers européens en vue de la conclu-

---

(1) *Bulletin du Comité de l'Asie Française*, 1910, p. 181.

sion d'un emprunt, la Deutsche Bank envoya son délégué M. Sayed Roucha pour négocier avec le Gouvernement persan. Mais la Russie et l'Angleterre protestèrent vivement contre cette immixtion de l'Allemagne dans les affaires politiques de la Perse, et celle-ci dut renoncer à son projet. L'Allemagne espérait, par son attitude vis-à-vis de la Russie, dans sa sphère d'influence en Perse, amener le Gouvernement de St-Pétersbourg à suivre une politique conciliante à l'égard des intérêts allemands sur d'autres points et notamment à propos du chemin de fer de Bagdad. En effet, toutes ces intrigues de la part de l'Allemagne amenèrent bientôt la Russie à adopter une nouvelle ligne de conduite à son égard, car elle désirait vivement rester d'accord avec elle.

Les Russes résolurent, au lieu de combattre cette poussée germanique de jour en jour grandissante en Turquie d'Asie, de s'entendre avec les Allemands sur les points principaux où leurs intérêts se trouvaient en opposition. Quand, le 23 mars 1908, ceux-ci obtinrent les garanties suffisantes pour le prolongement de la voie ferrée jusqu'à El-Hellif, et le 21 mars 1911, par une convention additionnelle, le prolongement au-delà de El-Hellif jusqu'à Bagdad, les Russes s'aperçurent qu'il était temps de conclure un accord pour arrêter les Allemands aux portes de la Perse.

C'est ainsi que fut organisée, en mars 1911, la fameuse entrevue de Postdam entre l'Empereur Guillaume II et le Tzar Nicolas II. La question du chemin de fer de Bagdad et celle de la Perse, y furent vivement débattues et en fin de compte un accord put être signé. Celui-ci réglait en cinq articles, une fois pour toutes, les conflits de l'Allemagne et de la Russie au sujet de cette affaire. Il ne fut publié qu'au mois d'août suivant.

Nous croyons utile de le reproduire ici, car c'est un document politique d'une importance capitale dans l'histoire de la question d'Orient. Il a été signé le 19 août 1911 par l'Ambassadeur d'Allemagne à Saint-Pétersbourg et M. Sassonnoff, suppléant du Ministre des affaires étrangères de Russie.

« ARTICLE PREMIER. — Le Gouvernement impérial allemand déclare qu'il n'a pas l'intention de solliciter pour lui-même la construction des chemins de fer ou la concession de services de navigation ou de télégraphie, ou de soutenir des demandes en ce sens de la part des ressortissants allemands ou étrangers, au nord d'une ligne allant de Kars à Chirin, en passant par Ispahan, Ierd et Khank, et atteignant la frontière afghane au degré de latitude de Gashil.

» ART. 2. — Le Gouvernement russe, qui a l'intention d'obtenir du Gouvernement persan une concession en vue de la création d'un réseau de chemins de fer dans la Perse septentrionale, s'engage de son côté, entre autres choses, à demander la concession de la construction d'un chemin de fer qui doit partir de Téhéran et aboutir à Hanekine, pour relier ce réseau ferré à la frontière turco-persane et à la ligne de Sadidch à Hanekine, dès que ce tronçon du chemin de fer de Bagdad sera terminé. Cette concession une fois obtenue, les travaux de construction de la ligne indiquée doivent commencer au plus tard deux ans après l'achèvement du tronçon de Sadidch à Hanekine et être terminés dans le délai de quatre ans.

» Le Gouvernement russe se réserve d'établir en son temps le tracé définitif de la ligne en question, mais il tiendra compte à cette occasion des desiderata du Gouvernement allemand. Les deux Gouvernements favoriseront le trafic international sur les lignes Hanekine à Téhéran et Hanekine à Bagdad et éviteront toutes les mesures qui pourraient l'entraver, comme la création des droits de douane transitoires, ou l'application de tarifs différentiels. Si au bout d'un délai de deux ans après l'achèvement de l'embranchement de Sadidch à Hanekine du chemin de fer

de Konia à Bagdad, la construction de la ligne de Hanekine à Téhéran n'est pas commencée, le Gouvernement
russe informera le Gouvernement allemand qu'il renonce
à la concession pour cette dernière ligne. Le Gouvernement allemand aura, dans ce cas, la faculté de solliciter la
concession de cette ligne.

» ART. 3. — Vu l'importance générale de la réalisation
du chemin de fer de Bagdad pour le commerce international, le Gouvernement russe s'engage à ne prendre aucune
mesure qui pourrait entraver la construction du chemin
de fer ou la participation des capitaux étrangers à cette
entreprise, bien entendu s'il n'en résulte pour la Russie
aucun dommage pécuniaire ou économique.

» ART. 4. — Le Gouvernement russe se réserve le droit
de confier à un autre groupe financier étranger la construction de la jonction projetée entre son réseau du chemin de fer en Perse et la ligne Sadidch à Hanekine, au
lieu d'exécuter lui-même cette construction.

» ART. 5. — Indépendamment de cela le Gouvernement
russe se réserve le droit de participer aux travaux dans la
forme qui lui conviendra, quel que soit le mode de construction de la ligne en question, et de rentrer en possession
du chemin de fer moyennant le remboursement des sommes
effectivement dépensées par les constructeurs.

» Les hautes parties contractantes s'engagent en outre à
participer mutuellement à tous les privilèges de tarifs ou
autres que l'une d'elles obtiendra en ce qui concerne cette
ligne. Toutes les autres clauses du présent accord restent
valables pour tous les cas. »

Ainsi donc, la Russie déclarait dans cet accord non
seulement ne pas s'opposer à la construction du chemin
de fer de Bagdad, mais même se trouver prête à l'aider en
permettant aux financiers russes d'y prendre part, ce que
précédemment elle ne tolérait pas. Comme compensation
elle recevait la déclaration officielle allemande de laisser

le champ libre aux Russes dans la partie de la Perse soumise à leur influence et de reconnaître les « intérêts particuliers » de la Russie dans toute la Perse.

Cet accord donnait satisfaction à la fois aux Russes, qui se débarrassaient de l'immixtion des Allemands dans les affaires persanes, et aux Allemands, heureux d'avoir les mains libres dans l'affaire du « Bagdadbahn ».

Le *Nowoyé Wremya*, organe officieux russe, disait à propos de cet accord, « qu'il écartait toute source de » malentendu en Perse ». Un autre organe des plus autorisés, *La Rossia*, disait d'autre part : « La reconnaissance » complète des intérêts spéciaux de la Russie doit évidem- » ment être interprétée comme comprenant des intérêts » d'ordre politique, stratégique et économique. »

Mais si la presse russe manifestait toute son approbation, la presse allemande semblait plutôt un peu déçue du recul de l'influence germanique en Perse, qui était en si bonne voie.

Le *Berliner Boersen Courrier* commentait cet accord de la manière suivante :

« Le traité russo-allemand ne contient pas de surprises, mais il peut devenir un jour préjudiciable aux intérêts allemands en Perse ».

La *Germania* écrivait « qu'on avait dû consentir à de » grands sacrifices en faveur de la Russie ».

De plus, en ce moment, circulait en Allemagne un courant d'opinions d'après lequel la Triple Entente avait préparé cet accord afin d'empêcher l'Allemagne de s'étendre en Perse, où les deux membres de la Triple Entente, l'Angleterre et la Russie, étaient déjà installés et ne désiraient nullement voir disputer le fruit de leur long effort. Ce bruit venait de Londres où il était lancé en réponse aux personnalités politiques allemandes, qui prétendaient que l'accord russo-allemand avait été préparé à l'insu de la France et de l'Angleterre, amies de la Russie.

Ainsi l'Agence Reuter publia, le 21 août 1911, la note suivante, inspirée par les milieux officiels anglais :

« Des enquêtes faites dans les hauts milieux diplomatiques ont montré que la signature de l'accord cause une satisfaction générale. La Grande-Bretagne et la France ont toutes deux été tenues au courant de toutes les phases des négociations et informées également du fait que l'accord était sur le point d'être signé. Les lignes principales de cet accord étaient fixées depuis quelque temps, mais la nécessité qu'il y avait de régler certains détails secondaires a prolongé les négociations. »

Quoi qu'il en soit, le conflit russo-allemand était aplani jusqu'à nouvel ordre, et les Allemands pouvaient continuer en paix, leur œuvre du « Bagdadbahn ».

Mais, tout récemment, leur politique a subi un retentissant échec.

Nous avons vu dans la première partie de notre étude, que c'était en Angleterre qu'avaient été élaborés les premiers projets de voie ferrée entre la Mésopotamie et la Mer Méditerranée. Une fois l'Egypte sous son joug, la politique anglaise devait s'intéresser à l'Arabie et aux régions voisines du Golfe Persique. D'ailleurs, la fertilité du sol de la Mésopotamie a toujours séduit les Anglais, qui voudraient y développer la culture du coton à l'aide de colons indous et égyptiens. Ils voyaient avec méfiance la poussée germanique à proximité de leur zone d'influence en Perse et aux Indes, et c'est pourquoi ils ont mis tous les moyens en œuvre pour empêcher les Allemands de s'installer en Asie Mineure.

Ayant échoué dans leurs projets de chemin de fer de Bagdad et voyant les Allemands s'avancer de plus en plus, ils décidèrent de ne pas les laisser continuer jusqu'au Golfe Persique au delà de Bagdad, comme cela leur était accordé dans leur concession de 1903. Après la signature de la convention additionnelle du 21 mars 1911 autorisant la construction de la voie de Tel-Hellif à Bagdad, la diplomatie anglaise intervint pour défendre à la compagnie allemande de prolonger la ligne au delà de Bagdad. Elle obtint ce qu'elle désirait, en ce sens, que la Turquie, sous l'instigation de l'Angleterre, conseilla à la compagnie allemande de renoncer au droit accordé par la convention de 1903 l'autorisant à construire la ligne de Bagdad à Bassorah et au Golfe. Se voyant dans l'impossibilité de s'opposer aux conseils de la Turquie, et connaissant bien leur source, les Allemands se sont trouvés obligés de consentir à cette renonciation.

C'est ce jour-là qu'a été promulgué l'iradé impérial sanctionnant la troisième convention additionnelle par laquelle la compagnie est autorisée à construire le tronçon Tel-Hellif-Bagdad.

Le directeur de la Compagnie de Bagdad, M. Hugenin, a adressé en même temps au Grand Vizir Hakki-Pacha une déclaration faite au nom de la compagnie, d'après laquelle la Compagnie de Bagdad renonçait aux droits suivants, qui lui avaient été accordés par la convention de 1903, à savoir :

a) à la concession de la ligne Bagdad-Bassorah ;

b) à la concession Bassorah-Golfe Persique ;

c) à la concession du port de Bassorah ;

d) à la concession du port qu'elle devait construire au point terminus de la ligne.

Cette renonciation a été consentie à la condition que la Turquie construira la ligne elle-même, ou que si elle accorde la concession à une nouvelle société, il sera réservé à l'Allemagne dans cette société une part égale à celle de toute autre puissance, à l'exception de la Turquie qui seule pourra avoir une part plus grande. L'Angleterre enlevait ainsi à l'Allemagne tout espoir d'expansion en Mésopotamie, en Perse et même plus loin.

L'Allemagne s'est trouvée ici vis-à-vis d'un ennemi qui n'est ni russe, ni turc, mais d'un ennemi digne d'elle-même et qui a su lui barrer la route.

A l'heure actuelle, la question de la prolongation de la ligne au delà de Bagdad n'est pas encore réglée. Différents projets ont été étudiés, notamment celui de la Turquie qui propose l'internationalisation de la ligne, en donnant des parts égales aux Turcs, Allemands, Anglais, Russes et Français ; mais ce projet n'est pas encore définitivement arrêté. S'il était adopté, c'est l'Angleterre seule qui en tirerait les plus gros avantages, car, comme elle est déjà établie dans ces régions, il lui serait plus facile qu'à n'importe quel autre pays de lutter contre les Allemands, qui auraient déjà contre eux les Russes et les Français.

Comme la Turquie ne pourra pas construire ce tronçon par ses propres moyens, ce projet paraît être le seul compatible avec les différents intérêts en jeu ; aussi croyons-nous bien qu'il sera définitivement adopté dans la suite.

Quoi qu'il en soit, les Allemands ont perdu leurs privilèges antérieurs qui leur permettaient de voir se réaliser un jour l'idée si chère à tous les Pangermanistes de se trouver seuls établis en Mésopotamie et dans la partie voisine de la Perse.

6. — *Avantages que l'Allemagne espère retirer de la concession du chemin de fer de Bagdad.*

Après avoir examiné les différentes phases de l'évolution de cette question au point de vue allemand, jetons maintenant un coup d'œil sur les avantages que les Allemands espèrent retirer de cette entreprise.

Il y a eu en Allemagne, et il y a encore aujourd'hui des hommes politiques autorisés, qui pensent que tôt ou tard, les Allemands devront attaquer les Anglais, non pas chez eux, où les chances de succès seraient trop douteuses, mais à l'extérieur, là où ils seront les plus faibles. Ils considèrent comme une nécessité inéluctable pour l'Allemagne d'acquérir des colonies pour créer un exutoire à sa population sans cesse croissante et fournir des débouchés nouveaux à son industrie. Or, dans toutes les régions où il y aurait des territoires susceptibles d'être colonisés, l'expansion allemande se heurte toujours à l'Angleterre. Aussi, le plus ardent désir des Impérialistes allemands est-il de rompre cette entrave à leur *Weltpolitik* et de porter un coup à l'Angleterre, pour acquérir des colonies qu'ils considèrent comme nécessaires à leur développement économique. Mais, où porter ce coup décisif? Beaucoup d'orientalistes alllemands ont exprimé l'idée que c'est du côté des Indes, là où les Anglais se sentent assez faibles par rapport à une puissance comme l'Allemagne, qu'il faudrait le diriger. C'est l'avis notamment du Dr P. Rohrbach, qui a voyagé en Orient en 1898 et en 1909, et qui décrit de la manière suivante l'avantage militaire que les Allemands peuvent espérer de la ligne de Bagdad :

« Dès que nous aurons construit notre flotte, nous devrons modifier notre politique à l'égard de l'Angleterre. Nous ne pouvons pas la vaincre sur mer, mais nous pouvons du moins lui imposer le respect. Nous ne pouvons pas l'attaquer chez elle, mais nous devons chercher à l'attaquer *ailleurs*, là où elle est le plus faible. L'Egypte est un point où, grâce à la Turquie, on pourrait attaquer l'Angleterre. La perte de l'Egypte, qui lui enlèverait la surveillance du canal de Suez, constituerait pour les possessions d'Afrique centrale et orientale une blessure profonde.

» Mais pour que la Turquie puisse attaquer l'Angleterre en Egypte, il faut qu'elle ait une bonne armée et des voies ferrées permettant le transport rapide et facile de ses troupes de la Mésopotamie et de l'Anatolie vers l'Egypte.

C'est en cela que l'Allemagne doit aider la Turquie. Une Turquie forte, si elle est un danger pour l'Angleterre, serait pour nous un grand avantage.

» *Tout ce que l'Allemagne fait pour la Turquie n'a d'autre résultat que de la mettre à l'abri du danger anglais* (1). »

Un autre orientaliste allemand, le lieutenant-colonel Hildebrandt, dont nous avons signalé à maintes reprises la compétence, disait à propos de ce même sujet :

« Les Allemands attachent, eux aussi, un grand intérêt stratégique au chemin de fer de Bagdad, car l'éventualité du blocus du canal de Suez, en cas de difficultés politiques ou pour cause de guerre, n'est pas impossible et cette ligne constituerait alors pour l'Allemagne la voie la plus directe vers l'Est de l'Afrique et l'Extrême Orient. En cas de conflit avec l'Angleterre, le service rendu à l'Allemagne par le « Bagdadbahn » serait considérable, car il permettrait un transport facile de troupes qui pourraient attaquer, par derrière, les possessions anglaises des Indes (2). »

Nous ne partageons pas l'avis de ces auteurs, quant à la possibilité d'une action contre l'Angleterre aux Indes ou en Egypte, par la voie du chemin de fer de Bagdad. Il est absurde, tout d'abord, de supposer que la Turquie parviendrait jamais à enlever l'Egypte des griffes des Anglais qui y sont aujourd'hui solidement installés. En cas d'attaque par terre de la Turquie, les Anglais auraient toute facilité de se rendre à Constantinople, par la voie maritime et une telle mesure arriverait bien vite à arrêter les armées ottomanes. D'ailleurs, il faudra bien du temps avant que la Turquie soit suffisamment forte pour songer à reconquérir ses provinces égyptiennes et il est fort à craindre que les puissances intéressées à la question

---

(1) Dr ROHRBACH, *Die Bagdadbahn*, p. 18-19.

(2) *Revue Internationale*, über die gesammten armeen und flotten. — Mars 1902, p. 81.

d'Orient ne lui en laissent pas le loisir; car les derniers événements ne sont guère de nature à faire croire à un relèvement éventuel de l'Empire ottoman.

Quant au projet d'une expédition militaire allemande à travers la Turquie vers les Indes, projet qui avait déjà été conçu par Napoléon Ier au moment où il voulait attaquer l'Angleterre et qu'il abandonna rapidement, nous pouvons également dire qu'il ne repose sur aucune connaissance bien approfondie de la situation. L'époque des expéditions militaires, à travers les pays étrangers et dans des régions dépourvues de base d'opérations, est définitivement passée. On ne pourrait imaginer une grande armée, telle que l'armée allemande, traversant toute l'Europe centrale et les Balkans, pour aller par l'Asie Mineure attaquer l'Angleterre aux Indes, sans rencontrer en route aucun obstacle de la part des puissances, qui n'éprouveraient certes aucune sympathie pour un tel projet.

De même, on ne peut envisager comme une conception sérieuse le voyage d'une flotte de guerre allemande à travers des mers où les Anglais dominent; aussi sommes-nous amenés à considérer ce rêve comme une pure utopie que les pangermanistes auront bien de la peine à voir se réaliser.

Il y a cependant un autre point de vue à envisager, dans ce même ordre d'idées, c'est celui qui touche aux relations entre l'Allemagne et ses possessions du Pacifique et son territoire de Kiao-Tchéou.

Actuellement, si les relations entre l'Allemagne et ses possessions d'Extrême Orient sont assurées par d'excellents et rapides services de navigation, il n'existe encore aucune base, ni aucun port allemand entre la métropole et ses colonies du Pacifique. Elle ne possède que deux voies par lesquelles elle peut communiquer avec ces territoires:

1° Les stations navales ou dépôts de charbon qu'elle a acquis sur la ligne d'étapes exclusivement maritime : *Wilhelmshafen*, Suez, Aden, Singapour, *Kiao-Tchéou*;

2° Une communication terrestre et maritime à créer : *Hambourg*, Berlin, Vienne, Constantinople, Haïdar-Pacha, Konia, Bagdad, Golfe Persique, *Kiao-Tchéou*.

Le premier trajet présente certains inconvénients, car la station de charbon de l'île Konnih, de l'archipel Faziran (dans la mer Rouge), appartient à la Turquie et l'île *Poulo-Waï*, dans l'océan Indien, au nord-ouest de l'île de Sumatra, à l'entrée du détroit de Malacca, appartient à la Hollande. C'est pourquoi la voie mixte est, au point de vue des intérêts allemands, de beaucoup supérieure à la première, et c'est là un des points qui a le plus attiré l'attention des diplomates allemands, quand ils s'efforcèrent d'obtenir la concession de la voie. Malheureusement, par la renonciation de l'Allemagne à la ligne Bagdad-Golfe Persique, il est fort possible que les Anglais, maîtres de ce golfe, apportent des obstacles aux relations allemandes, par cette voie, avec l'Extrême-Orient.

Mais c'est surtout la vie économique de l'Allemagne qui tirera profit de toute cette politique orientale et de la création de la nouvelle voie. Il suffit en effet de considérer l'importance du commerce qui s'effectue actuellement entre l'Allemagne et la Turquie.

En 1880, époque à laquelle l'Allemagne commença à s'intéresser à la Turquie, le commerce général d'importation et d'exportation entre ces deux pays atteignait 8,500,000 francs, chiffre dérisoire si on le compare à celui des autres puissances européennes. Mais, depuis lors, il s'est accru d'une façon prodigieuse. En 1891, le total du commerce atteignit 18 millions de francs; en 1900, seules les importations allemandes dépassèrent 41 millions de francs, pour un total de 600 millions; d'autre part, les exportations turques en Allemagne s'élevèrent à 37 millions.

En 1887, les importations turques se décomposaient comme suit, par pays :

Angleterre . . . . 61 %
France . . . . 18 %
Italie . . . . 32 %
Autriche-Hongrie. . . . . 13 %
Allemagne . . . . 6 %

En 1910 la situation s'est complètement modifiée et se présente de la manière suivante :

Angleterre . . . . , . . 35 %
France . . . . 11 %
Italie . . . . 12 %
Autriche . . . . . . 21 %
Allemagne . . . . 21 %

Comme on le voit, c'est au profit de l'Allemagne et de l'Autriche que l'importance relative des importations anglaises et françaises s'est trouvée réduite.

A l'heure actuelle, les machines, les articles manufacturés, les produits chimiques, les armes, les rails et les cotonnades importés en Turquie sont, pour la plupart, d'origine allemande (1).

Nous avons vu avec quelle méthode les Allemands font le commerce et quels sont les moyens qu'ils employent pour s'emparer de nouveaux débouchés.

En Turquie, tout spécialement, les commerçants allemands ont été encouragés par les établissements financiers de premier ordre de la métropole qui n'ont pas hésité à établir des filiales là où les intérêts allemands en avaient besoin. Nous avons déjà parlé de la Deutsche Bank et de ses opérations en Turquie, dans la question des chemins de fer. Cette banque est parvenue à s'intéresser à un grand nombre d'affaires et presque dans tous les travaux publics de la Turquie. Elle a créé en outre la Compagnie d'Anatolie, celle de Bagdad ; elle a racheté la ligne Mersina-Adana, obtenu la concession du port de Haïdar-Pacha et

---

(1) Nous avons utilisé les statistiques officielles turques et celles des différents annuaires et revues qui intéressent le commerce en Turquie.

de celui d'Alexandrette ; elle a même essayé de fonder une société de navigation ottomane à l'aide de capitaux allemands, dans le but, naturellement, de servir avant tout les intérêts allemands. Cela eut lieu au mois de mars 1911, lorsque le Parlement ottoman décida d'autoriser le Gouvernement à emprunter 11,500,000 livres turques :pour la construction d'une flotte marchande nationale destinée à servir au besoin de marine de guerre auxiliaire. L'affaire est toujours en suspens, mais il est bien probable que le Gouvernement s'adressera à la Deutsche Bank quand il s'agira d'obtenir. les capitaux nécessaires pour réaliser ce projet.

Cette banque a participé aux emprunts ottomans, comme celui de 1888 connu sous le nom d'« Emprunt de Pêcherie » de 30,000,000 de marks ; elle a pris part à la conversion de la Dette publique ottomane préparée par M. Rouvier, ancien ministre des Finances en France.

Après l'arrivée au pouvoir des Jeunes Turcs, la Deutsche Bank leur a fourni l'emprunt de 7,040,000 livres, 4 %, que les banques françaises avaient refusé. Tout dernièrement, la Compagnie d'Anatolie, a obtenu la concession de construction de la ligne Angora-Sivas, de 350 kilomètres, destinée à étendre encore l'influence allemande dans le Sud de l'Arménie.

En dehors de cette banque, qui contrôle la plus grande partie des grandes entreprises d'Asie Mineure, et particulièrement l'exploitation des chemins de fer, nous pouvons encore citer la *Deutsche Orient Bank*, fondée en 1906 à Constantinople au capital de 20 millions de francs, qui possède des succursales à Brousse (Anatolie), Hambourg, Alexandrie, Téhéran et Bagdad. Cette banque doit servir d'intermédiaire dans les relations commerciales entre Hambourg, le Levant et le Golfe Persique. En Palestine, ils ont fondé la *Deutsche Palestina Bank*, au capital de 5 millions de francs, qui a des succursales à Smyrne et à Salonique. Tous ces établissements sont en relations étroites avec l'Allemagne et favorisent largement l'industrie et le commerce germaniques.

La *Deutsche Levante Linie*, compagnie de navigation allemande, a établi des services réguliers entre Hambourg et presque tous les ports de la Turquie d'Asie ; de même, la Compagnie *Atlas*.

Tous ces efforts tentés par l'Allemagne pour réaliser la conquête économique de la Turquie d'Asie ont été, peut-on dire, couronnés d'un véritable succès et l'on ne peut s'empêcher d'admirer la tenacité et la grande clarté de vue dont ont fait preuve en cette circonstance les diplomates et les financiers allemands, qui sont parvenus à faire acquérir à leur pays, là où il était encore presque ignoré il y a trente ans, une situation qui rivalise aujourd'hui avec celle des autres puissances européennes, installées en Turquie depuis plusieurs siècles déjà.

c) **L'Angleterre et sa politique.**

1. — *La politique anglaise dans le Golfe Persique.*

L'un des aspects intéressants de la politique anglaise en Asie est son ferme désir de rester seule maîtresse de la route des Indes. C'est l'un des traits de la politique impérialiste, qui cherche à écarter tout ce qui peut nuire à la domination anglaise dans l'Empire des Indes. Pour y arriver, les Anglais cherchent avant tout à se créer des routes rapides entre la métropole et la grande colonie, et à se rendre maîtres si possible de celles qui aboutiront dans son voisinage et que d'autres puissances poûrront créer dans l'avenir. C'est ainsi que l'Angleterre fut la première à s'intéresser à la construction d'un chemin de fer vers Bagdad et le Golfe Persique, destiné à faciliter et à accélérer les rapports entre la métropole et l'Empire des Indes.

Cette politique tendait naturellement aussi à assurer la domination anglaise sur le Golfe Persique et ses côtes.

Ainsi donc, si l'Allemagne visait dans l'entreprise du chemin de fer de Bagdad la possibilité de se créer des débouchés pour son expansion économique, et d'acquérir dans la suite de nouvelles colonies, l'Angleterre avait pour but d'assurer la sécurité politique de l'Inde et des territoires limitrophes. C'est là ce qui distingue ces deux politiques rivales dans l'affaire de Bagdad.

Après la conquête de l'Inde, le Golfe Persique et son hinterland ont été l'objet d'une attention toute particulière de la part de l'Angleterre par suite de leur situation spéciale. Pour acquérir ces régions, l'Angleterre commença par s'emparer des territoires environnant le Golfe, notamment de celui administré par le cheik de Koweit, de

Maskate, d'Oman et d'autres petits territoires, sur lesquels elle a su étendre considérablement son influence, au point d'en faire de vrais protectorats anglais.

L'ancien Vice-Roi de l'Inde, lord Curzon, s'est particulièrement occupé de cette question et a attiré l'attention du pays sur l'importance militaire que pourrait prendre le Golfe Persique dans un avenir assez rapproché. Dans un discours qu'il prononça à la Chambre des Lords, il disait notamment : « Le Golfe Persique est la frontière » maritime de l'Inde ; la paix, l'intégrité de l'Empire » indien, sont liées à son statut politique. Il est un principe » fondamental : Nous ne pouvons admettre de rivaux dans » le Golfe Persique. »

Il a signalé aussi la pénétration russe dans le golfe et il a vu en cela un danger pour la domination anglaise dans l'Inde. Dans son livre sur le Golfe Persique, il dit que celui qui s'en emparera barrera le chemin de l'influence anglaise aux Indes, à cause de la courte distance (4 jours) qui le sépare du Golfe de Bombay; et il ajoute même : « Celui qui donnerait le Golfe Persique aux Russes, je le considérerais comme traître envers la patrie. » Aussi prétendait-il que l'Angleterre devait être seule maîtresse de la ligne de Bagdad.

Or, précisément en 1899, au moment où les Allemands déployaient toute leur activité pour obtenir la concession, éclatait la guerre anglo-boer qui détournait toute l'attention de l'Angleterre vers les régions africaines. De plus, la visite de l'Empereur Guillaume II à Edouard VII, six semaines après le début de la guerre anglo-boer, contribuait à persuader Chamberlain, secrétaire d'Etat au Colonial Office, que la participation anglaise dans cette entreprise serait assurée par l'intervention financière qu'on accorderait aux Anglais. L'Empereur ayant réussi dans ses démarches auprès de Chamberlain, la veille de son départ de Londres, le 27 novembre 1899, la concession préalable de cette ligne fut accordée au groupe allemand.

L'opinion publique anglaise, absorbée par la guerre anglo-boer, laissa passer cette affaire inaperçue ; les Allemands n'en demandaient pas davantage.

L'idée de Chamberlain était de s'assurer l'amitié de l'Allemagne contre la Russie, dont il craignait les visées sur la Perse et le Golfe Persique. La plupart de ses contemporains ne partageaient pas cette manière de voir et nous trouvons dans un article de la *National Review* l'exposé de leurs griefs. Il y est dit, en rappelant la date du séjour du Kaiser à Londres et l'octroi de la concession aux Allemands :

« La seule juxtaposition de ces dates établit le caractère impardonnable de l'indiscrétion commise par le secrétaire du *Colonial Office* prêchant une alliance anglo-germano-américaine contre une puissance inconnue qui ne pouvait être que la Russie. »

Mais une fois la guerre africaine terminée et la concession définitive accordée aux Allemands, les Anglais réclamèrent leur participation dans l'entreprise. En même temps, les Allemands demandaient l'appui financier et politique de l'Angleterre afin d'obtenir plus facilement un terminus sur le Golfe Persique, où elle était déjà installée en maîtresse. Les Anglais posèrent leurs conditions. Ils demandaient de pouvoir souscrire 30 % du capital et de voir répartir les 70 % restants entre des groupes allemands et français. En revanche, le groupe anglais promettait aux Allemands d'obtenir du Gouverment anglais son appui politique qui pouvait se résumer en trois points :

a) Consentement de l'Angleterre à une majoration raisonnable des droits de douane, pour permettre de créer des ressources suffisantes pour le paiement des garanties kilométriques accordées par la convention ;

b) Passage de la malle des Indes par la nouvelle voie, suivant des conditions à déterminer ultérieurement.

c) Bons offices pour l'établissement d'une station terminus sur le Golfe Persique.

Ce projet fut présenté à M. Balfour, qui fut invité à se prononcer pour ou contre lui. Au début, son approbation ne parut pas douteuse ; c'est du moins ce qui semblait ressortir de ses premières déclarations à la Chambre des Communes.

Prenant prétexte des négociations engagées, l'honorable M. Gibson Bowels, très documenté sur les affaires de l'Asie centrale, s'était prononcé contre cette coopération et même contre tout encouragement de la Grande Bretagne à l'entreprise. En lui répondant, le premier ministre soutint, au contraire, qu'une opposition de l'Angleterre ne serait pas un obstacle insurmontable à la réalisation du projet. Il en conclut qu'il serait regrettable qu'une route aussi importante et conduisant aux Indes, fût ouverte exclusivement par une association franco-allemande et restât sous sa seule direction.

Quoique le premier ministre eut réservé la discussion des conditions que les Allemands lui soumettaient et eut déclaré qu'il tiendrait compte des intérêts anglais dans cette entreprise, son avis paraissait, après ces déclarations, nettement favorable à une participation anglaise.

Mais, un peu plus tard, les renseignements fournis par les Anglais de Constantinople, au courant de la question, vinrent modifier complètement le courant d'opinions favorables qui paraissait se constituer. Ils faisaient ressortir que l'entreprise était entièrement aux mains des Allemands et qu'elle était destinée à servir avant tout les intérêts allemands, au détriment de ceux de l'Angleterre dans le Golfe Persique et dans l'Inde. Bientôt la presse anglaise fut presque unanime à joindre ses protestations à celles des hommes politiques adversaires du projet.

Un véritable courant d'opinions hostiles se créa en quelques jours dans ce public si attentif aux questions extérieures et si passionné pour elles. Et l'on vit apparaître avec une égale ardeur, le souci de la défense des intérêts britanniques et l'expression d'une invincible méfiance pour toute combinaison venant de l'Allemagne.

Il est permis de penser que cette démonstration de sentiments ne fut pas étrangère aux décisions nouvelles que le ministre anglais ne tarda pas à prendre et à exposer au Parlement.

M. Balfour, qui avait fait un pas en avant, en fit plus tard deux en arrière. A la suite d'une nouvelle question de M. Gibson Bowels, il reconnut que « la convention entre la Porte et la Compagnie d'Anatolie plaçait sous la domination allemande toutes les voies ferrées projetées à travers l'Asie Mineure jusqu'au Golfe Persique, ce que l'Angleterre ne pouvait absolument pas admettre » (1).

Aussi déclara-t-il formellement qu'il déclinerait toute demande tendant à intéresser les Anglais dans cette entreprise et qu'il se refuserait à lui accorder un appui quel qu'il fût.

Les mêmes vues furent encore exposées un peu plus tard à la Chambre des Lords, par le marquis de Lansdowne, secrétaire d'État au *Foreign Office* ; il disait notamment :

« Je n'hésite pas à déclarer que le Gouvernement-britannique regarderait l'établissement par une autre puissance d'une base navale et d'un port fortifié sur le Golfe Persique, comme une grave menace pour les intérêts britanniques et qu'il s'opposerait à son établissement *par tous les moyens mis en son pouvoir.* »

Cette déclaration solennelle du haut de la tribune parlementaire traçait à partir de ce moment toute la ligne de conduite de l'Angleterre dans cette affaire. A partir de ce moment, l'Angleterre n'intervint plus dans cette question aussi longtemps qu'il ne fut pas question du tronçon de Bagdad au Gólfe Persique. Mais, quand la Compagnie du chemin de fer de Bagdad sollicita la concession additionnelle au delà de Bagdad, l'Angleterre posa son veto. Il lui était facile d'agir sur les décisions du Gouver-

---

(1) *Questions diplomatiques et coloniales*, avril 1893, p. 609 à 687.

nement turc, surtout après l'avènement des Jeunes Turcs au pouvoir, car ils avaient besoin de ressources pour rétablir les malheureuses finances de l'Empire et ils désiraient obtenir des puissances leur consentement pour élever les droits de douane de 11 à 15 % *ad valorem*. Les puissances le leur accordèrent mais réclamèrent aussi des compensations.

L'Angleterre, qui occupe le premier rang parmi les pays entretenant des relations commerciales avec l'Empire ottoman, devait être consultée d'abord. Et elle subordonna son consentement à la solution donnée à la question du prolongement de la voie ferrée au delà de Bagdad vers le Golfe Persique. Sir Edward Grey a nettement montré l'importance qu'il attribuait à une intervention anglaise dans cette question, dans son discours à la Chambre des Communes sur la politique extérieure, en réponse à l'interpellation du 8 mai 1911, de M. Balfour, leader des Unionistes.

« Sous le Gouvernement précédent, disait-il, l'occasion s'est présentée d'arriver à un accord et d'assurer à l'Angleterre une place dans l'entreprise du chemin de fer de Bagdad ; cette occasion perdue, il ne nous était pas facile d'en trouver une seconde et d'en profiter. »

Il semblait par ce discours adresser un reproche à M. Balfour, sous le gouvernement duquel cette occasion d'intervenir s'était présentée et avait été perdue, et rejeter sur le Gouvernement unioniste toute la responsabilité de cette inaction. Il déclarait de plus que le Gouvernement britannique « ferait tout son possible pour sauvegarder les intérêts économiques et politiques de la Grande Bretagne » et il ajoutait à propos de l'augmentation des droits de douane demandée par la Sublime Porte :

« Le Gouvernement turc a besoin d'argent et propose une augmentation de 4 % sur les droits de douane, ce qu'il ne peut faire sans notre assentiment. Je désire voir le nouveau régime turc fortifié. Je souhaite qu'il ait às a disposition tous les moyens d'éatblir dans toutes les parties de l'Empire ottoman un gouvernement fort et juste, mais *si une partie quelconque de l'argent des douanes est destinée à hâter la construction d'un chemin de fer qui serait d'un intérêt douteux pour le commerce anglais*, ou si elle était employée à créer des moyens de communication dans des régions où le commerce anglais a été jusqu'ici dans les mains de nos nationaux, il nous serait impossible de consentir à l'augmentation des droits de douane jusqu'à ce que nous ayons reçu l'assurance formelle que nos intérêts seront sauvegardés. »

C'était là une bonne leçon pour les Jeunes Turcs, car elle leur faisait comprendre que, sans une concession importante en faveur des intérêts anglais en Turquie, ils ne pourraient obtenir l'autorisation de la Grande Bretagne pour réaliser l'élévation de droits qu'ils réclamaient et qui leur était si nécessaire.

La partie de ce discours qui traite de l'emploi des ressources résultant de cette augmentation dit, de plus, très clairement, qu'elles ne doivent pas être employées au paiement de garanties kilométriques sans lesquelles la compagnie de Bagdad ne pourrait continuer les travaux. Or, le but du Gouvernement turc était, précisément, d'utiliser une partie de cet accroissement des revenus douaniers, comme garantie d'un emprunt à émettre pour la construction de la ligne de Bagdad. Mais des exigences de ce genre sont bien difficiles à satisfaire, car même, si le Gouvernement turc n'employait pas cette augmentation de recettes aux constructions de chemins de fer, mais aux autres branches de la vie économique, il serait bien difficile de prouver aux Anglais que les sommes dépensées n'ont pas été consacrées à la construction du réseau ferré en question.

En réalité toutes ces tergiversations se ramenaient à ceci :

« Si vous ne voulez pas nous donner la concession de

Bagdad au Golfe Persique, vous n'obtiendrez pas l'élévation des droits de douane de 11 à 15 % *ad valorem*. »

Devant un refus aussi catégorique de la part du Gouvernement de Saint-James, la Sublime Porte a dû s'adresser aux Allemands et leur demander de sacrifier le tronçon Bagdad-Golfe Persique au profit de la Turquie. Celle-ci a déclaré toutefois que le tronçon ne serait pas donné entièrement aux Anglais, mais serait exploité par l'Etat lui-même ou internationalisé, de sorte que les intérêts allemands y seraient de toute façon sauvegardés.

Et c'est ainsi que les Allemands ont été amenés à signer cette déclaration de renonciation à tous les droits accordés suivant la Convention de 1903, à partir de Bagdad jusqu'au golfe Persique dont nous avons parlé dans le chapitre se rapportant à la politique allemande. Les Anglais ont réussi par cette renonciation, à empêcher leurs rivaux allemands de s'installer en Basse-Mésopotamie et sur les confins du Golfe Persique, au détriment des intérêts anglais dans ces régions. C'était la victoire de la politique inaugurée par lord Curzon, l'ancien vice-roi de l'Inde, et exposée si nettement dans la déclaration de lord Lansdowne, secrétaire d'Etat au Foreign Office dans le cabinet Balfour de 1903 (1).

------

(1) Nos prévisions énoncées au début de cette dernière année (1913) vont être, semble-t-il, parfaitement réalisées.

Ainsi, d'après les dépêches de Londres, le délégué ottoman Hakki Pacha s'est mis d'accord avec Sir Edouard Grey, ministre des affaires étrangères britannique, sur la question du terminus de la ligne de Bagdad.

En vertu de cet accord, le Gouvernement turc s'engage à ne pas construire le tronçon de Bassorah-Golfe Persique et à reconnaître le protectorat anglais sur le Cheik de Koweit. Pour ce qui concerne le tronçon Bagdad-Bassorah, il paraît que ce dernier sera internationalisé. Cet accord, dit-on, a été établi au mois de mai dernier, lors des négociations turco-balkaniques et semblait être une récompense accordée à l'Angleterre pour son intervention en faveur de la paix.

Bien que cet accord ne soit pas encore officiel, il est plus que certain qu'il le deviendra sous peu.

2. — *Projet d'internationalisation du tronçon Bagdad-Golfe Persique.*

Cependant, si l'Angleterre avait demandé la renonciation de la part des Allemands au tronçon Bagdad-Golfe Persique, elle ne pouvait espérer obtenir une concession lui donnant un droit absolu sur ce tronçon, étant donné que le consentement allemand à cette renonciation n'avait été accordé qu'à la condition que les intérêts allemands fussent entièrement sauvegardés. C'est donc l'Angleterre qui a dû s'occuper de trouver un *modus vivendi* pour résoudre cette question épineuse. Elle a proposé à la Sublime Porte d'internationaliser la ligne, c'est-à-dire de donner parts égales aux Ottomans, aux Anglais, aux Allemands, aux Français et aux Russes, avec un Conseil d'administration correspondant aux parts engagées.

La Porte, au contraire, proposait une distribution égale des parts entre les Puissances : Angleterre, Allemagne, France et Russie, tout en réservant aux Ottomans une proportion de 40 %, ce qui en augmentant l'influence turque, augmentait celle de l'Allemagne. Celà lui aurait donné plus de droits qu'aux autres nations participantes.

Aussi l'Angleterre s'y est-elle formellement opposée. A l'heure actuelle, cette question est encore en discussion auprès des Gouvernements intéressés, mais d'ores et déjà, on peut prévoir que la proposition anglaise l'emportera sur la proposition turque, étant donné qu'elle est soutenue par la France et la Russie. En cas d'internationalisation de ce tronçon, la situation sera certes beaucoup plus favorable aux Anglais qu'aux Allemands, bien que ceux-ci déployent toute leur activité pour étendre leur influence dans le Golfe Persique et sur le Tigre et l'Euphrate ; mais il faut reconnaître que la lutte contre l'Angleterre est fort ingrate, car elle est déjà établie dans ces régions depuis 1820.

L'Angleterre possède une flotte dans le golfe, un résident général à Bagdad, et la navigation sur les deux fleuves se trouve entre ses mains ; aussi les Allemands rencontrent-ils de ce côté une barrière presque aussi infranchissable que l'internationalisation de la ligne, qui adjoindra aux Anglais, les Russes et les Français, dont les intérêts ne sont pas très importants et que l'Angleterre est déjà parvenue à contenter, grâce à des accords spéciaux. Il n'est pourtant pas dit que les Allemands appuyés par les Turcs ne parviendront pas à s'y établir et l'on peut prévoir dans l'avenir qu'une lutte acharnée entre ces deux puissances, également fortes économiquement, se déroulera dans ces régions. Ce sera probablement la Turquie qui aura le plus à en souffrir, car ces nations finiront sans doute par se mettre d'accord à ses dépens.

3. — *Le terminus de la ligne.*

L'aboutissement de la ligne dans le golfe intéressait aussi la politique anglaise.

Au début, bien que la convention ne stipulât rien de précis à ce sujet, on croyait que le meilleur terminus serait le petit port de Koweit sur le Golfe Persique, au fond d'une excellente rade, capable de recevoir, après aménagements, les navires de fort tonnage. En effet, elle offre aux navires un abri sûr contre les vents du Sud, qui sont les plus à craindre dans ces parages.

C'est parce qu'elle connaissait les visées anglaises sur ce port, que la Porte avait hésité à en parler dans la convention, espérant qu'une fois la ligne à peu près achevée, l'Angleterre ne susciterait plus aucune difficulté pour en faire le terminus de la voie.

La ville de Koweit, qui compte aujourd'hui 20,000 habitants, est l'œuvre du cheik Sabah, aïeul de la famille El Sabah, qui la gouverne de nos jours. Le cheik Sabah, fondateur de ce port et créateur de cette dynastie, ne laissa qu'un fils, Jaber. Celui-ci eut un fils du nom de Sabah, et le fils de ce dernier est actuellement gouverneur de Koweit. Le Gouvernement ottoman, voyant l'importance de Koweit augmenter de jour en jour, eut l'ingénieuse idée de la rattacher à la ville de Bassorah, chef-lieu du sandjak du même nom qui dépendait de la province de Bagdad. Mohamed El Adassi, cheik originaire de Koweit, fut alors nommé *naïb* (prêtre de la paroisse) et Abdulah, fils aîné de Sabah, *caïmakan* (préfet) de Koweit, avec le titre de pacha. A son décès, le pouvoir et le titre furent transmis à Moubarek El Sabah, gouverneur actuel de Koweit. Mais celui-ci refusa de reconnaître l'autorité du Sultan; il réclama en outre de la Porte toute la côte depuis l'archipel de Failaka jusqu'au Chatt-El-Arab et même Zobéïr, que la Turquie refusa naturellement de lui céder.

Pour faire rentrer le cheik dans l'obéissance, la Porte envoya en 1899, Feizi-Pacha, gouverneur de Bagdad, avec l'ordre de le détrôner par la force armée. Mais Moubarek, homme clairvoyant et habile, se sentant menacé par la Porte et n'étant pas assez fort pour résister, se rendit à Bouchir chez le consul général anglais, pour se mettre sous sa protection et après quelques pourparlers, un accord put être signé par les deux parties et paraphé par le vice-roi des Indes. Un mois après, Feizi-Pacha rentrait avec toutes ses forces à Bagdad et la Sublime Porte fut ainsi obligée, sur l'intervention de l'Angleterre, de reconnaître le pouvoir du cheik Moubarek. La convention qu'elle passa avec lui reconnaissait son autorité sur Kazima et Failaka, qu'il avait demandées précédemment sans succès.

Ainsi donc, grâce à sa diplomatie très habile, l'Angleterre a réussi à se faire déclarer la protectrice de toute la côte du Golfe Persique et de l'Arabie du Sud, à Mascate, à Oman, à l'île Pahrein, à Mohamerah et à Koweit, et l'on aperçoit déjà aujourd'hui que son activité dans le Golfe Persique aboutira tôt ou tard à faire de ce golfe un lac anglais.

De son côté, la Turquie n'a jamais voulu reconnaître officiellement le protectorat anglais sur ces régions, mais l'Angleterre ne l'a demandé que le jour où la question du point terminus de la ligne de Bagdad s'est posée. C'est alors que, le 1er mars 1911, de la tribune de la Chambre des Communes, le secrétaire du Foreign Office, sir Edward Grey, a exposé la question de Koweit en ces termes :

« Quant au port de Koweit, a-t-il dit, notre politique dans le Golfe Persique n'est pas une politique envahissante ; nous ne cherchons ni à acquérir de nouveaux territoires, ni à troubler le *statu quo*. Mais, si d'autres cherchaient à modifier ce *statu quo*, alors assurément, nous devrions mettre en œuvre toutes nos ressources pour maintenir intacte notre position dans le Golfe Persique.

» Les obligations que nous avons contractées par traité avec le cheik de Koweit font partie de ce *statu quo* ; il est de notre devoir de faire honneur à nos engagements et de maintenir dans sa situation actuelle le cheik de Koweit. »

Ces paroles éloquentes disent assez clairement combien l'Angleterre est peu disposée à laisser s'établir une autre puissance sur les confins du Golfe Persique et à Koweit. Les Allemands l'ont bien compris en renonçant à la possession de la dernière partie de la ligne de Bagdad et au port de Koweit.

La Turquie, soucieuse au moins de sauvegarder sa souveraineté sur ces régions, a demandé à l'Angleterre que le cheik de Koweit reconnût la souveraineté du Khalife, laissant ainsi les mains libres aux Anglais pour les affaires se rapportant au port et au commerce.

En politiciens pratiques, les Anglais lui ont donné satisfaction, se réservant pour eux la surveillance et la domination de ce port, qui constitue pour eux une station navale stratégique de premier ordre, et en se réservant également toutes facilités pour promouvoir leur commerce dans cette contrée.

---

d) **La Russie et sa politique.**

1. — *Expansion russe dans la Turquie et dans la Perse.*

La politique russe en Asie Mineure, en général, et tout particulièrement dans la question du chemin de fer de Bagdad se concentre essentiellement sur trois points principaux, à savoir :

1° L'émancipation du commerce russe qui serait réalisée par un accès à la mer libre, soit sur le Golfe Persique, soit sur le Golfe d'Alexandrette ;

2° Le désir d'empêcher le développement général de la Turquie, et particulièrement de la partie de l'Asie Mineure voisine immédiate de la Russie ;

3° Le désir d'acquérir toute liberté pour intervenir dans les affaires de la Perse.

La Russie, qui, depuis le traité de Paris en 1856, s'est établie sur le territoire turc de Kars et d'Andahn, rêve de s'établir dans la Grande et la Petite Arménie et de descendre jusqu'à la mer libre, au Golfe d'Alexandrette, et il semble bien qu'elle sera inévitablement amenée dans un avenir prochain, en vertu de la loi historique du développement des grandes nations, à exiger des portes ouvertes sur la mer, pour l'entrée et la sortie de ses produits.

Cette politique d'expansion a été inaugurée par l'Empereur Alexandre III en 1893. Saint-Pétersbourg étudiait alors, pour se les réserver, toutes les portes asiatiques : portes mandchouriennes et mongoles sur le Golfe du Tchili ; portes afghanes et persanes vers le Golfe Persique ; portes arméniennes vers le Golfe d'Alexandrette ; tout était prêt pour forcer soit l'une, soit l'autre, suivant le choix du port en mer libre. C'est en travaillant à la réalisation de ce plan que le comte Kapnist avait demandé, pour compte d'un syndicat russe, la concession d'une ligne ferrée de Tripoli (Syrie) à Bagdad, mais il n'avait pas reçu un meilleur accueil que les autres projets. On voulait obtenir de la sorte une sortie sur la Mer Méditerranée à Tripoli (Syrie), d'où, grâce à un embranchement, on pourrait atteindre facilement le beau port d'Alexandrette.

D'autre part, en raccordant à travers la Perse, les chemins de fer caucasiens avec Bagdad, la Russie obtiendrait également un débouché sur la Méditerranée. Au point de vue géographique cependant, ce plan n'aurait guère apporté des avantages précieux au commerce russe, étant donnée la perte de temps que devait amener pour le commerce d'exportation, la traversée de la Perse. Mais il paraît plus certain que l'idée du comte Kapnist était de construire le tronçon Bagdad-Bassorah au Golfe Persique et de construire également la ligne de Recht située au nord de la frontière russo-persane, et qui serait raccordée au réseau russe du Caucase à travers la Perse à Hanekine, et reliée ensuite avec Bagdad et le Golfe Persique. Cette voie pour se rendre à Tripoli, aurait été beaucoup plus avantageuse au commerce russe que la traversée du Désert Arabique.

Quoi qu'il en soit, la Russie désirait vivement devenir maîtresse de la route de Bagdad, capable de lui ouvrir un port libre sur la mer. Mais comme les Allemands avaient obtenu la concession du chemin de fer de Bagdad, les Russes se sont émus et ont cherché par tous les moyens à les empêcher de réunir les capitaux énormes dont ils avaient besoin, et de s'avancer vers leur zone d'influence en Arménie et dans le bassin de la Mer Noire.

L'opinion publique et le Gouvernement avaient conseillé aux financiers russes et à leurs alliés de France, qui devaient constituer le capital nécessaire, de ne pas prêter leur concours aux Allemands qui travaillaient à la fois contre les intérêts français et russes, et le *Nowoyè Vremya*, l'organe le plus important, écrivait, avant la signature de

la convention de 1903, « que la Russie considérait la ligne
» de Bagdad comme une entreprise incontestablement et
» officiellement allemande, dans laquelle tout franc, tout
» shilling, tout rouble, se changerait immédiatement en
» *mark* et travaillerait avec zèle pour le Roi de Prusse ».
Il ajoutait encore :

« Travailler pour la ligne de Bagdad, qui constitue le
» rêve des pangermanistes, c'est travailler à renforcer la
» puissance de l'Allemagne. Les intérêts de la France lui
» commandent de contrecarrer énergiquement cette entre-
» prise. »

Mais en dépit de l'opposition russe, les Allemands
obtinrent la concession et détruisirent ainsi le plan
d'Alexandre III, visant à obtenir une sortie vers le port
d'Alexandrette ou vers le Golfe Persique qui, par cette concession, devait passer sous la domination allemande. En
même temps, la guerre russo-japonaise vint ruiner les
espérances de Saint-Pétersbourg en Extrême-Orient ; il ne
restait plus à la Russie que les ports persans et c'est là
qu'elle cherche aujourd'hui à se réserver une libre sortie
sur la mer du Sud.

D'autre part, les Russes avaient aussi en vue, en s'oppo-
sant à la construction de la voie nouvelle, de renforcer leur
situation en cas de guerre entre la Russie et l'Empire
ottoman. La Russie attaquant la Turquie, d'une part dans
les régions de la Mer Noire, à l'aide de sa flotte, et d'autre
part, du côté du Caucase et de l'Arménie, au moyen de son
armée de terre, avait tout intérêt à ce que la Porte ne put
amener qu'avec difficulté ses troupes de Bagdad, de Bassorah, de la Syrie et de l'Anatolie, sur le théâtre de la
guerre. Or, comme nous l'avons vu, la Turquie, en cas de
guerre avec la Russie, escompte les plus grands avantages
de la ligne de Bagdad, pour le mouvement de ses troupes
en Mésopotamie.

Ensuite la question de l'influence russe en Perse est
également d'une importance capitale pour la Russie qui

considère les promoteurs du chemin de fer de Bagdad comme des concurrents éventuels pour l'avenir.

2. — *Accord russo-anglais sur l'Asie centrale.*

Il y a quelques années, l'Angleterre, maîtresse de l'Afghanistan et du sud de la Perse, avait développé considérablement son influence dans le nord et s'approchait de plus en plus de la zone d'influence russe. Or, ainsi que nous le disions plus haut, la Perse constitue pour la Russie la porte de sortie vers la mer libre; l'Angleterre arrêtait donc la poussée russe vers le Golfe Persique. Tandis que les Anglais avançaient lentement mais sûrement vers le centre et le nord de la Perse, la marche de la Russie ne progressait guère.

Sa politique agressive à la cour de Téhéran ne lui avait guère réussi et elle constata bientôt que les divisions de cavaleries cosaques et les canons étaient loin d'avoir le même succès que les intrigues politiques et la pénétration pacifique de l'Angleterre. Aussi changea-t-elle subitement de tactique pour adopter celle du Gouvernement britannique.

Le Chah de Perse s'étant trouvé en 1897 dans l'obligation d'emprunter, ce fut la Russie qui s'empressa de lui fournir la somme de 22 millions de roubles dont il avait besoin. Elle alla même jusqu'à rembourser la dette de la Perse à la Impérial Bank anglaise de Téhéran, et elle devint ainsi l'unique créancière de l'Etat persan.

Depuis cette époque, les emprunts se sont succédés et la Perse s'est engagée à ne contracter jusqu'en 1912 aucun emprunt ailleurs qu'en Russie.

Ce sont également les officiers russes qui ont été chargés de réorganiser l'armée persane qui sauva jadis le trône de Mahomed Ali des attaques de ses adversaires, après la mort de Naser-Eddin.

C'est la Russie qui a établi la route de Recht à Téhéran

et du Taurus à Téhéran par Khasain, en même temps qu'elle poussait les prolongements des chemins de fer russes vers l'intérieur de la Perse. Ces chemins de fer abordent le territoire persan dans deux directions : celle du Nord-Ouest, où se déroule le Transcaspien, et celle du Nord-Est qui longe la ligne du Caucase. En 1901 le Gouvernement russe donna l'ordre de construire une ligne de 250 kilomètres prolongeant le Transcaspien jusqu'à Méched. Les Russes désiraient que leur ligne de Bakou touchât Recht, Ispahan, Chiraz, pour aboutir à Bender-Abbas, la mer libre. C'est en poursuivant cette politique pacifique au lieu de la politique agressive du début que l'Empire des Tzars a réussi à se mettre en Perse sur un pied d'égalité avec l'Angleterre au point que celle-ci s'est vue obligée de s'entendre avec elle au lieu de continuer à la combattre.

C'est ce qui a amené des hommes d'Etat anglais, notamment lord Salisbury et Balfour, à dire qu'il y avait de la place en Perse à la fois pour la Russie et pour l'Angleterre. Et M. de Witte, homme d'Etat russe, écrivait en 1906, dans son organe *Les Messages des Finances Russes*, qu'il n'y avait aucun conflit entre la Russie et l'Angleterre en Perse, car disait-il « l'Angleterre ne devait pas craindre la concurrence russe ». Il prêchait donc, un accord russo-anglais en Asie centrale.

Leur défaite en Mandchourie contribua à faire comprendre aux Russes que leurs intérêts exigeaient une entente avec leur rivale en Asie centrale. C'est à la suite de cette défaite et devant les opinions favorables à un accord russo-anglais au sujet de l'Asie centrale que fut conclu l'arrangement du 30 août 1907, entre la Russie et l'Angleterre par lequel elles se sont mises d'accord sur le partage des zones d'influence en Asie centrale, au Thibet, en Afghanistan et en Perse. Les deux puissances s'engagent à respecter l'indépendance et l'intégrité de la Perse. L'Angleterre prend l'engagement de n'appuyer au profit de ses sujets, ou des sujets d'une tierce puissance, aucune demande de concessions, politiques ou commerciales (chemins de fer, banques, télégraphes, routes, etc.) au nord d'une ligne reliant Kasri-Chirin, Ispahan, Iezd, Khavis et aboutissant à la jonction des frontières de la Perse, de la Russie et de l'Afghanistan, et de ne faire aucune opposition aux demandes de concessions faites dans cette région. La Russie fournit un engagement correspondant en ce qui concerne la région du Sud s'étendant de la frontière afghane à Ghazik, Biredjan, Kerman et Bender-Abbas.

Entre les deux régions ainsi réservées à l'influence anglaise et russe, une troisième zone reste neutre. La Russie et l'Angleterre s'engagent à ne prendre aucune décision concernant l'octroi de concessions à leurs sujets, sans entente préalable.

A Londres on n'était guère enchanté de cet accord, car l'Angleterre devait se contenter de deux provinces médiocres, le Seïstan et le Mokran, alors que la Russie recevait pour sa part les provinces les plus peuplées, les plus riches et les plus vastes du Nord et de l'Ouest.

Quoi qu'il en soit, on était d'avis que l'entente était indispensable et comme telle acceptable.

3. — *Accord russo-allemand sur le chemin de fer de Bagdad.*

Mais une fois les difficultés avec l'Angleterre aplanies, la Russie a vu se dresser devant elle un nouveau concurrent venant de l'Ouest pour lui disputer ses conquêtes. C'était l'Allemagne qui, maîtresse de la ligne de Bagdad, devenait proche voisine de cette zone russe et nourrissait l'espoir de s'avancer vers la Perse centrale, grâce à un raccordement de la ligne de Bagdad à Hanekine, frontière persane. La Russie s'est inquiétée à juste titre et a cherché à éloigner l'Allemagne le plus possible de sa zone d'influence.

Il est vrai que l'accord signé lors de l'entrevue de Postdam laisse, comme nous l'avons vu, le champ libre aux Allemands dans l'affaire de Bagdad, tandis que les Russes conservent toute liberté d'action en Perse ; mais notre impression est que les Russes n'ont pas réussi à se débarrasser totalement de l'immixtion allemande dans les affaires de la Perse. L'article 2 de l'accord de Postdam prévoit notamment pour la Russie l'obligation de faire construire une ligne de Téhéran à la frontière turco-persane par Sadidsch et Hanekine, et cela « dès que le tronçon du chemin de fer de Bagdad sera terminé ». D'autre part, de Sadidsch à Hanekine il y aura un embranchement qui sera relié à la ligne de Hanekine à Téhéran et que le gouvernement russe s'engage à construire également. Et, « si au bout d'un délai de deux ans après l'achèvement de l'embranchement de Sadidsch à Hanekine du chemin de fer de Konia à Bagdad, la construction de la ligne de Hanekine à Téhéran n'est pas commencée, le Gouvernement russe informera le Gouvernement allemand qu'il renonce à la concession pour cette dernière ligne. Le Gouvernement allemand aura dans ce cas la faculté de solliciter la concession de cette ligne ».

Cet article prévoit donc, comme on peut s'en rendre compte, la possibilité d'un avancement éventuel des Allemands vers la Perse centrale par la ligne Hanekine-Téhéran. Dans les deux cas cités, elle aura, par cette voie, les portes ouvertes vers la Perse. Nous avons vu, d'ailleurs, que l'accord russo-anglais prévoyait une zone neutre dans laquelle pourrait se faire, par conséquent, la pénétration de l'influence allemande. C'est un danger pour la Russie que d'avoir laissé à l'expansion allemande un champ libre à côté de sa zone d'influence. Mais ici se pose la question de savoir qui sera maître du tronçon Bagdad-Hanekine, par lequel on pénétrera en Perse. D'après la première convention, c'est à l'Allemagne, c'est-à-dire à la Compagnie de Bagdad qu'il doit être concédé; mais par suite de l'abandon

par les Allemands de la concession du dernier tronçon du
« Bagdadbahn », la question de la jonction Bagdad-
Hanekine reste en suspens et il n'est pas encore possible de
prévoir quelle sera la solution définitive qui sera donnée
à cette question

Il semble bien cependant que les Allemands ne feront pas
de grands progrès en Perse, étant donné que la meilleure
base qu'il leur était possible d'acquérir, c'est-à-dire la voie
du Golfe Persique, leur a été enlevée. Et cette opinion est
partagée par plusieurs personnalités russes et notamment
par M. Maschkoff, ancien consul général de Russie à
Bagdad, qui s'est spécialement intéressé à la question du
« Bagdadbahn ».

e) La France et sa politique.

1. — *Origine de l'influence française en Turquie.*

Aucun pays n'a conservé avec la France des relations d'amitié plus étroites que la Turquie.

Ces relations datent d'une époque très reculée. Au temps de Charlemagne déjà, une ambassade du grand Empereur était allée saluer le célèbre khalife de Bagdad, Haroun-al-Rachid, et avait sollicité sa bienveillance pour les chrétiens et les Lieux-Saints.

Plus tard, un traité célèbre entre François Ier et le Sultan Soliman II inaugura les relations commerciales et politiques de la France avec la Turquie. Puis suivirent les traités de 1569 avec le Sultan Sélim II, de 1581, entre Mourad II et Henri III, et enfin les fameuses capitulations de 1740, entre Louis XIV et Mohamed Ier, qui accordaient aux Français des privilèges spéciaux en Turquie. Elles mettaient sous le protectorat français tous les chrétiens étrangers : anglais, allemands, les missionnaires aux Lieux-Saints ainsi que les établissements religieux et de charité. Ce sont elles qui ont servi de base aux privilèges accordés ultérieurement aux autres nationalités, et aujourd'hui les capitulations constituent un statut personnel général des étrangers résidant en Turquie.

Grâce à l'intervention fréquente de la diplomatie française pour protéger les missionnaires, l'influence de la France s'est répandue partout en Turquie d'Asie, et tout spécialement en Syrie et en Palestine, où la langue française est devenue la langue la plus usitée dans la vie et dans le commerce et où la monnaie française même est plus recherchée que la monnaie turque.

Nous n'avons pas l'intention d'énumérer ici toutes les conséquences de la diffusion de la langue et de la culture françaises en Orient, cela nous mènerait trop loin, mais nous dirons seulement que le français est devenu si familier en Orient, qu'on est tenté de croire qu'on se trouve dans un département éloigné de la France.

C'est d'ailleurs la France qui, la première, a inauguré en Turquie le régime des réformes connues sous le nom de *Tanzimat* qui l'a mise au rang des pays européens. Les premiers réformateurs de la Turquie, Rechid, Ali et Fuad pachas, sont des élèves des écoles françaises; les premiers instructeurs de l'armée turque étaient français; l'organisation de l'enseignement en Turquie a été préparée en France par les ministres de Napoléon III; enfin les premiers travaux publics ont été exécutés par des ingénieurs français au moyen de capitaux français. Les premiers emprunts d'Etat turcs furent contractés en France et c'est encore elle qui a été dans la suite le prêteur le plus important pour la Turquie. Les intérêts financiers de la France en Turquie sont actuellement plus importants que ceux d'aucune autre puissance. Environ 60 % de la Dette publique turque, soit plus de 1,760 millions de francs, sont en circulation en France.

En outre, l'épargne française a investi plus de 500 millions de francs dans les chemins de fer, environ 350 millions dans les banques et entreprises industrielles, commerciales et autres, soit un total de plus de deux milliards et demi de francs.

En ce qui concerne le chemin de fer de Bagdad, la France se trouve triplement intéressée : *au point de vue commercial*, parce qu'il fournira un débouché pour son expansion économique; *au point de vue financier*, par la participation des capitaux français dans cette entreprise, et enfin *au point de vue des idées*, pour la diffusion de la langue et de la culture françaises en Mésopotamie et en Babylonie.

Dans le chapître suivant, nous essaierons de donner un aperçu de ces différents aspects.

2. — *Les entreprises françaises en Asie Mineure.*

C'est aussi la France qui, la première, a travaillé au relèvement économique de l'Asie Mineure.

C'est en Syrie qu'elle a déployé le plus d'activité. Elle y a construit, la première, les lignes ferrées qui traversent cette province d'un bout à l'autre, d'Alep par Hama, Homs, Rayak, Damas et Cheik-Saïd, à Tripoli et Beyrout, deux ports de la Syrie, jadis si importants.

Pour faciliter aux pélerins occidentaux la visite des Lieux-Saints, la France a construit la ligne de Jaffa à Jérusalem. En Asie Mineure, elle a repris la ligne entièrement construite de Smyrne-Cassaba et a fait relier cette ligne avec Alacheir et Affioun Karahissar, de sorte que, avant l'arrivée des Allemands en Anatolie, en dehors du Aïdin Railway, qui était exploité par une compagnie anglaise, il n'y avait en Asie Mineure aucune autre nation que la France possédant une ligne de chemin de fer.

Une fois maîtres de la ligne Smyrne-Alacheir, les Français conçurent l'espoir de prolonger cette ligne vers Affioun Karahissar, Konia et de là par la vallée de l'Euphrate vers Bagdad, au moyen d'une ligne se raccordant à Alep avec le réseau déjà construit et exploité en Syrie. Ils espéraient obtenir ainsi une communication avec la Mésopotamie où les Frères Capucins et les Carmes avaient déjà considérablement répandu la langue et la culture françaises. Il était tout naturel, en effet, que la France carressât de pareils espoirs, étant donné qu'elle était établie là-bas depuis longtemps et qu'elle y avait engagé des capitaux considérables. Ces espoirs ne devaient malheureusement pas se réaliser, car bientôt, en 1893, l'Allemagne obtint la concession Haïdar-Pacha-Angora et Eski-Cheir-Konia qui touche la ligne française à Affioun-Karahissar devenant ainsi concurrente directe vis-à-vis des Français. C'était là un coup sensible pour l'expansion française vers l'intérieur de l'Anatolie et de la Mésopotamie.

Aussi, à partir de cette époque, c'est-à-dire de 1894 à 1898, la France et la Russie, menacées toutes deux par l'expansion allemande dans les régions soumises à leur influence politique et économique, cherchèrent par tous les moyens à s'opposer à la construction du chemin de fer de Bagdad par les Allemands.

L'Ambassadeur français à Constantinople, M. Constans, demanda même catégoriquement au Sultan que la concession ne fut pas accordée exclusivement aux Allemands mais à un consortium franco-allemand ; il invoquait comme raison principale que les Allemands ne possédaient pas les capitaux suffisants pour réaliser cette entreprise, et l'épargne française étant seule capable de les fournir, c'est à elle que les Allemands devraient avoir finalement recours.

D'autre part, les Allemands, c'est-à-dire la Compagnie d'Anatolie, sachant qu'elle ne pourrait en aucun cas se priver de l'épargne française, était déjà entrée en pourparlers pour arriver à un accord avec la compagnie française Smyrne - Affioun - Karahissar. Ces pourparlers aboutirent bientôt à une entente : deux administrateurs de la Compagnie d'Anatolie entrèrent dans le conseil d'administration de la Compagnie Smyrne-Cassaba et deux administrateurs de cette dernière compagnie devinrent administrateurs de la Compagnie d'Anatolie. La participation française dans la constitution du capital pour la construction de la ligne de Bagdad fut fixée à 40 %, souscrits par la Banque Ottomane, et l'Allemagne, représentée par la Deutsche Bank, conserva les 60 % restants.

En même temps, les deux groupes s'entendirent pour agir d'un commun accord dans toutes les questions concernant les chemins de fer d'Asie Mineure.

Une fois cette entente consacrée, ils entamèrent avec le Gouvernement ottoman de longs pourparlers qui, conduits par un financier de premier ordre, feu le Dr Siemens, aboutirent le 23 décembre à la convention provisoire dont nous avons déjà parlé antérieurement. Une fois les études préalables terminées, les concessionnaires demandèrent à la Sublime Porte l'octroi de la concession définitive.

Mais pendant que se poursuivaient toutes ces négociations, la Deutsche Bank était parvenue à obtenir, par le firman du 8/11 janvier 1903, accordé par le Ministre turc, la concession pour elle seule et non pas pour le consortium formé par la Banque Ottomane et la Deutsche Bank, comme il avait été stipulé. C'était là un procédé peu correct de la part d'une banque aussi importante que la Deutsche Bank. Celle-ci était parvenue à convaincre la Banque Ottomane, qu'étant donné que la compagnie d'Anatolie avait fait construire la ligne de Konia, prolongement de la ligne existante de Haïdar-Pacha à Konia, il était logique que ce fut elle également le vrai concessionnaire, tout en maintenant le principe de la participation française de 40 % dans le capital de la future compagnie et de l'introduction d'un certain nombre de personnalités françaises au sein du conseil d'administration.

Toutes ces explications ne parvinrent pas à calmer l'opinion publique en France, car celle-ci avait espéré intervenir pour une très grande part dans cette entreprise, si importante pour ses intérêts en Mésopotamie.

L'affaire fut portée devant la Chambre et le 24 mars 1902 le député Firmin Faure déposait un projet de loi conçu dans ces termes :

« Les émissions de titres, actions et obligations destinées à permettre la construction du chemin de fer de Bagdad ne pourront être autorisées sur le territoire de la France qu'après le vote d'une loi par les Chambres (1). »

Cette proposition tendait à fermer les caisses françaises aux Allemands qui ne pouvaient, semblait-il, sans la finance

---

(1) *Journal officiel*, p. 467.

française constituer un capital suffisant pour réaliser la construction et l'exploitation de cette ligne. M. Faure faisait également dans son discours un rapport détaillé sur la politique allemande en Orient, et constatait que son but principal était de nuire là-bas aux intérêts français. Il faisait ressortir toute l'importance de la ligne de Bagdad, dont il montrait le caractère essentiellement politique.

« S'il s'agissait d'une simple affaire industrielle, je ne serais pas monté à la tribune, mais il y a là-dessous un *Panama* qui se prépare », disait M. Faure.

La Chambre demanda des explications au Ministre des affaires étrangères d'alors, qui était M. Delcassé, et celui-ci déclara que le Gouvernement français ne s'était jamais occupé de cette question.

« Messieurs, si la proposition déposée par l'orateur, M. Faure, qui descend de cette tribune, a pour cause l'ingérence de la diplomatie française dans la concession du chemin de fer de Bagdad, elle va s'écrouler par la base ; *jamais, à aucun moment, ni officiellement, ni officieusement, d'une façon directe ou indirecte, la diplomatie française n'est intervenue dans cette affaire.* »

En outre, M. Delcassé déclarait encore à propos de la participation des capitalistes français :

« Les Français, auxquels on s'est adressé, ont jugé qu'ils avaient tout avantage à ne pas refuser leur concours ; la question est de savoir à quelles conditions ils le donneront. Si une solution était trouvée, en vertu de laquelle la Société donatrice, concessionnaire de la ligne de Bagdad, disparaissait devant une Société d'études, car on n'en est que là, laquelle cèderait le pas à une société définitive où l'élément français aurait, *et dans la construction et dans l'exploitation et dans la direction de l'entreprise, une part absolument égale à celle de l'élément étranger le plus favorisé,* je demande à la Chambre s'il n'y aurait pas plutôt lieu de se féliciter de cette participation. » La Chambre approuva ces déclarations et repoussa la proposition de

M. Faure par 398 voix contre 72. Le public français, la presse et la Chambre, tous étaient convaincus que l'entreprise serait franco-allemande, puisque, disait-on, les Allemands n'ont pas assez d'argent pour souscrire tous les fonds nécessaires à la construction. C'était ainsi en effet que semblait se présenter la question ! »

Au mois d'août 1902, la Deutsche Bank envoya son directeur à Paris pour négocier avec les financiers français au sujet de leur participation dans l'entreprise. Mais, quoique sincèrement dévoués à la France, les banquiers de Paris sont avant tout des financiers. Aussi, sans se soucier du but politique de l'entreprise, d'autant plus que M. Delcassé avait caractérisé cette affaire comme étant d'ordre industriel et commercial, ils se contentèrent d'exiger de la Deutsche Bank les gages suffisants pour le paiement des garanties kilométriques. Ceux-ci consistaient en dîmes des Sandjaks d'Anatolie, perçues par les soins de l'Administration de la Dette publique ottomane. Etant donné que ces garanties leur assuraient un revenu net et fixe de 4 à 5 %, ils acceptèrent les conditions allemandes et souscrivirent 40 % du capital nécessaire à la construction de la ligne, en demandant de pouvoir faire entrer dans le conseil d'administration de la Compagnie de Bagdad, proportionnellement à leur souscription, un certain nombre de Français. L'accord fut signé à Paris et dans son numéro du 30 août 1902, le journal *Le Temps* l'approuvait en ces termes :

« L'accord des groupes français et allemand relatif à la ligne de Bagdad, intervenu à Paris, avec le directeur de la Deutsche Bank sera incessamment signé. L'accord est complet. Les deux parties sont placées, en ce qui concerne la construction et la direction de la ligne depuis Konia, sur le pied de la plus parfaite égalité. »

Nous verrons, dans la suite, comment les Allemands ont compris « cette plus parfaite égalité ».

Une fois la participation financière des Français assurée,

la compagnie d'Anatolie obtint le 5 mars 1903 les cahiers des charges et en vertu des promesses données de fonder une compagnie indépendante pour la construction de cette voie (comme le prévoyait M. Delcassé dans son discours sur cette affaire), elle constitua la *Société impériale ottomane du chemin de fer de Bagdad.*

En fait, ce n'était là qu'une pure formalité, car la nouvelle société cachait la Compagnie allemande d'Anatolie et son banquier-fondateur et détenteur de titres : la Deutsche Bank.

Le Conseil d'administration de la « Société impériale ottomane du chemin de fer de Bagdad », qui d'après le nom devait être ottoman, est en fait allemand. Il est composé de onze Allemands, huit Français, quatre Ottomans, deux Suisses (Allemands), un Autrichien et un Italien, ce qui fait quatorze Allemands ayant avec eux quatre Ottomans, donc en tout dix-huit membres contre huit Français et un Italien dont les influences sont ainsi annulées dans les délibérations.

Si nous examinons la qualité des membres allemands de ce conseil, nous trouvons les mêmes personnages que dans celui de la Compagnie d'Anatolie à savoir : le président de la Compagnie d'Anatolie, directeur général, le directeur général adjoint et le directeur de cette même compagnie. Toute la direction principale de la Compagnie d'Anatolie fait donc partie du Conseil d'administration du chemin de fer de Bagdad. En fait ce sont donc les mêmes personnages qui gèrent les affaires des deux Sociétés. A la tête de ces deux sociétés se trouve leur fondateur : la Deutsche Bank dont le directeur général, membre de la Chambre des Seigneurs de Prusse, M. von Gwinner, est président des deux conseils d'administration. A côté de lui nous trouvons des deux côtés encore le directeur de cette banque Dr Helfferich ; l'administrateur M. K. Schader, et le directeur de la succursale de Constantinople M. O. Kaufmann.

Détails curieux, les deux sociétés ont le même local à

Constantinople, à Galata, et leurs assemblées générales se tiennent à Berlin au lieu de se tenir à Constantinople. On voit donc que la Compagnie du chemin de fer de Bagdad est essentiellement allemande, le rôle des huit Français se réduisant à approuver les décisions et à signer toutes les décisions prises malgré eux.

Il suffit d'ailleurs de noter que tous les travaux de construction de la première section ont été exécutés par la maison Jacob S. H. Stern, de Francfort-S/M, dont l'associé M. Otto Braunfels, fait partie du conseil d'administration de la Société de Bagdad. La deuxième section est également entre les mains d'une Société de construction de Francfort-S/M et en ce qui concerne l'établissement de la troisième section, on annonce la fondation d'un syndicat de construction à Zurich, par les soins de la Société du Crédit Suisse ; mais l'achat du matériel se fera naturellement en Allemagne, comme pour les précédentes sections.

Ainsi donc les affirmations de M. Delcassé, déclarant que *dans la nouvelle Société* qui succéderait à la Compagnie d'Anatolie, *l'élément français aurait, dans la construction, dans l'exploitation et dans la direction de l'entreprise, une part absolument égale à celle de l'élément étranger le plus favorisé*, ont été tout à fait démenties par l'attitude des Allemands, grâce aux manœuvres habiles du directeur de la Deutsche Bank, feu le D^r von Siemens, qui a pu amener les capitaux français vers cette affaire sans faire perdre au groupe allemand la haute main sur l'entreprise.

.
. .

Comment se fait-il que les Français se soient laissés entraîner par les Allemands dans cette affaire qui va à l'encontre de leurs intérêts fondamentaux, mais qui, il est vrai, leur fournira peut-être de bons dividendes sans toutefois contribuer en rien au développement de leur commerce et de leur industrie ?

Cela tient d'abord à l'organisation des banques françaises si différente de celle des banques allemandes.

Tandis qu'en Allemagne les grandes banques s'occupent surtout de créer des affaires nouvelles, industrielles, commerciales, de travaux publics et autres, les établissements du crédit français se tiennent sur une plus grande réserve et préférent prêter leur concours à des entreprises déjà fondées, ayant besoin de crédit; ils se soucient beaucoup moins de les fonder, là où l'industrie nationale et le commerce en demandent la création. Ils préfèrent les affaires certaines rapportant moins de revenus, à d'autres susceptibles de rapporter *peut-être* de très gros profits. En ce qui concerne l'expansion à l'étranger notamment, les banques françaises se montrent d'une pusillanimité tout à fait exagérée.

Il en est tout autrement en Allemagne: *Les banques allemandes précèdent l'industrie et le commerce nationaux, au lieu de les suivre comme c'est le cas en France.*

Grâce aux autorités expérimentées qu'elles ont à leur tête, les banques allemandes sont mieux placées que le public pour se rendre compte des besoins du pays, pour reconnaître les affaires fructueuses et les mettre en valeur. Leur politique a pour résultat d'intéresser étroitement le public allemand dans les affaires industrielles et commerciales dont elles possèdent en portefeuille de grandes quantités de titres. Il est pourtant un fait certain, c'est que, par suite de leur organisation et de leur participation directe aux affaires commerciales et industrielles, les banques allemandes sont plus exposées que les banques françaises; et cela a été constaté lors des crises financières de 1907, de 1911, et même en 1912.

En réalité, on ne pourrait déterminer d'une façon exacte, les avantages que les banques allemandes procurent au développement économique du pays, et le danger qu'elles courent en temps de crise; mais nous sommes plutôt enclins à croire que les avantages sont plus grands que les inconvénients, car les crises passent rapidement et jusqu'ici elles n'ont atteint que les banques ne faisant que des affaires restreintes.

Un autre point qui différencie nettement la situation des établissements financiers en Allemagne et en France, ce sont leurs relations avec le Gouvernement.

En France, les banques jouissent d'une grande indépendance et n'attachent guère d'importance aux conseils et observations ministérielles. Il est vrai que le ministre des finances a le droit de refuser l'autorisation de coter à la Bourse de Paris les valeurs qui ne lui plaisent pas, mais les banques françaises émettent les papiers étrangers en dehors de la Bourse, et c'est ainsi qu'une grande quantité de ces papiers a été émise à Paris surtout, sans avoir obtenu la cote de la Bourse et circule sans que Gouvernement puisse y mettre des entraves.

La question a été discutée en France à plusieurs reprises par des économistes et financiers compétents et on a demandé au Gouvernement de présenter un projet de loi réglementant l'émission des titres étrangers, afin qu'il soit possible de surveiller, de plus près, les émissions de nature à nuire aux intérêts français. C'est à cette trop grande indépendance des banquiers français qu'est dû le fait que la Deutsche Bank a réussi à placer en France, non seulement les 40 % d'après l'accord intervenu entre elle et le syndicat de Paris, mais même 60 %, sans que celà ait été remarqué dans les milieux compétents français.

A côté de ce *point financier* qui touche les intérêts français dans l'entreprise du chemin de fer de Bagdad, nous avons à considérer le rôle que ce chemin de fer jouera *dans l'expansion économique française* en Mésopotamie.

Il est même probable que l'expansion de la culture française dans les régions traversées par le chemin de fer rencontrera de grands obstacles, car les Allemands établissent déjà des écoles, grâce auxquelles ils s'efforcent de faire pénétrer de plus en plus les idées et la civilisation germaniques.

3. — *La politique française dans la question du prolongement de la ligne au-delà de Bagdad.*

En ce qui concerne le prolongement de la ligne de Bagdad au Golfe Persique, la France s'est ralliée à la politique de son alliée, l'Angleterre, qui s'est dressée contre l'Allemagne. Elle ne possède pas d'intérêts particuliers en Perse, en Asie Centrale, et en Mésopotamie ; mais elle cherche à répandre dans ces régions son influence morale et son commerce dont l'importance a malheureusement décliné considérablement dans ces derniers temps.

Quoique la France ait été la première à ouvrir des écoles et des établissements de bienfaisance en Mésopotamie, elle est dépassée aujourd'hui par l'Angleterre qui s'est emparée de tout le commerce sur le Tigre, l'Euphrate et le Chatt-el-Arab. L'influence française diminue considérablement dans ces régions, au point que les commerçants de Bagdad et de Bassorah n'envoient plus leurs enfants dans les écoles françaises mais bien dans les écoles anglaises.

Ce fait a été relaté par M. Gervais-Courtellement dans un article de la *Revue des questions diplomatiques et coloniales*, à propos d'un entretien qu'il a eu avec un Arabe de Bagdad, lors de son voyage dans ces régions.

« A quoi nous sert d'avoir appris le français ? disait-il. La connaissance de l'anglais seule nous ouvre l'accès à des emplois commerciaux et administratifs. Certes, si cela continue, nous ne ferons plus apprendre le français à nos enfants. »

Le recul de l'influence française en Orient a été constaté par beaucoup d'orientalistes français qui se sont occupés de la question et ont demandé un appui plus efficace du Gouvernement de la République en faveur des œuvres françaises en Orient.

Le développement de l'action allemande en Mésopotamie

est un nouveau danger pour l'influence française dans ces régions ; c'est l'une des raisons pour lesquelles, la France, d'accord avec l'Angleterre, a appuyé si fortement le projet d'internationaliser le tronçon de Bagdad-Golfe Persique qui donnerait aux Français une part égale à celle des autres puissances et permettrait à l'influence déjà existante, si pas de s'accroître, du moins de se maintenir.

Le Ministre des affaires étrangères de France, M. Pichon, dans son discours à la Chambre du 27 décembre 1907 sur cette question, a pleinement approuvé cette façon d'agir :

« Nous avons toujours pensé que si l'on faisait appel à notre crédit, nous devions agir autant que possible dans le sens de l'internationalisation de la ligne. Nous continuons à surveiller les négociations engagées à ce sujet. Nous n'avons pas cessé de voir le règlement possible de cette importante affaire dans une coopération équitable des divers Etats, étant donné que nous y trouverons une part égale à celle des Etats les plus avantagés. »

La diplomatie française à Constantinople poursuit de commun accord avec la diplomatie anglaise, qui est plus écoutée dans cette affaire, les démarches nécessaires auprès de la Porte, et il semble que c'est dans l'internationalisation de ce dernier tronçon que réside le moyen d'arriver à une solution rapide et également acceptable par toutes les Puissances intéressées.

f) Les Etats balkaniques et le Chemin de fer de Bagdad.

La guerre balkanique de 1912-1913 est venue profondément surprendre l'Europe et ses résultats ont apporté aux puissances les plus intéressées à la solution de la Question d'Orient, l'Autriche-Hongrie et l'Allemagne, de bien cruelles désillusions.

Poussée par l'Allemagne après le Congrès de Berlin, l'Autriche-Hongrie a, depuis une trentaine d'années, dirigé de plus en plus son activité vers les régions balkaniques et elle attendait de cette politique des avantages considérables pour son expansion territoriale et économique. C'est vers les Balkans qu'elle avait trouvé le meilleur débouché pour son industrie et la crise qui y a sévi pendant toute la durée de la guerre et qui a causé en Autriche-Hongrie tant de faillites a même été jusqu'à ébranler les finances de l'Etat, ce qui montre assez combien elle était intéressée au développement de ces pays. Mais derrière l'Autriche se trouve l'Empire allemand, qui favorise de toutes ses forces ce mouvement germanique vers l'Est, ce *Drang nach Osten*, comme on l'appelle.

Or, pour arriver à Constantinople, les Allemands doivent passer par Belgrade et Sofia, deux capitales de pays hostiles à la politique d'expansion germanique dans les Balkans. L'Empire d'Allemagne devait donc chercher à s'attirer l'amitié de ces deux pays pour mener à bonne fin sa politique en Asie Mineure. Aussi depuis le Congrès de Berlin a-t-il cherché à développer de plus en plus son influence dans ces régions, et à l'heure actuelle il occupe là-bas une place aussi importante que la Russie, l'Angleterre et l'Autriche. L'Allemagne a bénéficié de l'antipathie que manifestent les Etats Balkaniques à l'égard de l'Autriche, dont les visées politiques ne sont que trop évidentes.

Mais son installation de l'autre côté du Bosphore, à Haïdar-Pacha, tête de ligne de Bagdad, ne sera cependant pas sans constituer pour les Etats balkaniques, un certain danger quand il s'agira de décider du sort des derniers restes de la Turquie d'Europe.

Aujourd'hui même, l'Allemagne tend à devenir un concurrent redoutable pour l'expansion des relations commerciales de ces pays avec l'Asie Mineure et les îles de l'Archipel.

La Grêce, par exemple, trouvera à la côte asiatique une rivale puissamment riche et organisée, dont la flotte marchande pourra, dans une certaine mesure, enlever à ses bateaux une partie du trafic méditerranéen qui à l'heure actuelle leur est presque exclusivement réservé. Etablie à Alexandrette et Mersina, les deux ports les plus importants de la côte d'Asie Mineure, l'Allemagne sera en état de s'accaparer d'une part importante de ce commerce.

La Serbie, elle aussi se voit menacée par l'expansion germanique vers l'Orient, cár l'Autriche, poussée par l'Allemagne expansioniste, dirige de plus en plus son activité vers elle, et entourée de toutes parts par l'Autriche, elle devra un jour chercher à se libérer de ce voisinage dangereux.

La Bulgarie, directement voisine de la Turquie, habitée par un grand nombre de Musulmans, a tout intérêt à empêcher la Turquie de devenir un jour une puissance militaire, capable de chercher à reconquérir son ancien prestige dans les Balkans. Or, le chemin de fer de Bagdad, avons-nous vu, présente pour la Turquie le grand avantage de lui permettre d'opposer aux Bulgares, en un temps relativement court, les armées d'Anatolie, de Bagdad, de Damas et d'Ezerdjan qui constituent une force redoutable.

C'est pour toutes ces raisons que les Etats balkaniques ont un intérêt primordial à se mettre en garde contre tout

ce qui peut augmenter la puissance de la Turquie restée
encore leur voisine, et à réprimer la poussée germanique
vers l'Asie Mineure à travers leur territoire.

TROISIÈME PARTIE.

Le chemin de fer de Bagdad au point de vue économique.

a) Considérations générales.

Il est incontestable que le développement si intense de l'activité économique qui caractérise le xix⁰ siècle est dû, en grande partie, à la découverte de la locomotive, qui a permis de rapprocher considérablement les différentes nations. Sans elle des richesses énormes ne pourraient être mises en valeur. A quoi servirait de produire si nous ne trouvions des débouchés pour exporter nos produits? Grâce à cette découverte, de vastes étendues de terres fertiles ont pu être cultivées, des mines exploitées, des forêts rendues productives et les nations mises en contact d'idées et de civilisation !

Les pays auxquels cette découverte ne s'est pas étendue n'ont pas participé aux bienfaits de la civilisation et du progrès, et leurs richesses sont restées cachées à l'attention et à la convoitise de l'homme. Tel est le cas pour l'Asie Mineure et, surtout, pour les régions que la ligne de Bagdad est appelée à traverser à partir de Konia jusqu'au Golfe Persique, pays resté pendant des siècles dans une complète léthargie et qui cache pourtant dans son sein des richesses immenses. La locomotive va permettre bientôt d'utiliser toutes ces richesses et d'élever le niveau économique des populations où la ligne passera. Elle réveillera l'ancien éclat de la civilisation de ces régions et rendra au pays l'aspect qu'il avait jadis quand le monde civilisé d'aujourd'hui était encore barbare. Elle y apportera la paix, l'ordre et le travail, avec lesquels renaîtra la prospérité, et, dans peu de temps, des cités superbes s'élèveront à nouveau là où furent jadis Ninive, Babylone, Séléucie, Mossoul et Bagdad.

L'histoire de la Mésopotamie et de la Babylonie nous apprend que pendant plus de six mille ans, les pays qu'arrosent le Tigre et l'Euphrate furent des plus prospères. Les premiers hommes de race blanche s'y pressaient et s'en disputaient la possession. Pourvus par la nature d'un climat très doux, ces pays semblaient être alors les plus favorisés parmi les terres connues ; leur sol, d'une inépuisable fertilité, savamment mis en culture, contrastait avec nos pays d'Europe couverts de marécages et de forêts, où le climat était inclément et où l'homme ne subsistait que grâce à une lutte perpétuelle contre la nature. C'est précisément à cause de leurs richesses que la possession de ces pays de la vallée du Tigre et de l'Euphrate fut tant enviée par les peuples civilisés et barbares de l'époque ancienne et qu'ils furent si souvent l'objet des convoitises des conquérants asiatiques. Les Chaldéens, les Assyriens, les Mèdes, les Perses et les Arabes s'y supplantèrent successivement, y laissant chacun des traces de leur occupation ; et c'est ainsi que nous y trouvons aujourd'hui les vestiges des différentes civilisations asiatiques.

La brillante civilisation des Khalifes arabes du viiie siècle y continua l'œuvre abandonnée à la suite des invasions de peuplades venues de l'Asie centrale, et releva, en quelque sorte, le pays à son ancien niveau de civilisation. Pendant le règne du Khalife Djaafar, et de la dynastie des Abassides, en 768, on fit construire 150 ponts dans la ville de Bagdad et on fit creuser autant de canaux pour l'irrigation des terres. On y établit 400 moulins à eau pour les besoins de la population, dont le chiffre, dit-on, aurait bientôt atteint près de 2,450,000 habitants. Vers la fin de son règne, Djaafar fit à son fils la recommandation suivante : « Ne quitte jamais cette ville (Bagdad) pour aller fonder une autre capitale. Je te laisse, accumulé dans les caisses, de l'or en quantité suffisante pour subvenir à tes besoins et à ceux de tes troupes pendant dix ans ; suis mes conseils et n'oublie jamais mes recommandations (1). »

Mais, après deux siècles d'occupation mongole, de cette brillante civilisation des Khalifes, héritière de toutes ses devancières, héritière de jardins, de cités industrielles et prospères, de campagnes populeuses, ainsi que de riches forêts, il ne restait plus rien. Et quand au xvi⁰ siècle (1535) le Sultan turc Soliman le Magnifique conquit Bagdad et la Mésopotamie, il n'y trouva que les débris de la richesse et de la civilisation anciennes.

La négligence et la paresse turques ont totalement ruiné ces belles provinces et aujourd'hui on n'y voit que des traces des constructions de jadis. L'agriculture est dans la déso- lation, la population y est considérablement réduite, les révoltes y sont constantes, le désordre et le pillage inces- sants. En un mot, la situation est si déplorable que les anciens Khalifes ne reconnaitraient certainement plus aujourd'hui leur ancien Empire !

C'est le chemin de fer de Bagdad qui devra relever ces riches provinces de jadis et leur rendre leur ancien éclat. Mais il est bien évident que pour parvenir à régénérer cette contrée, d'autres facteurs devront encore apporter leur appui. Il s'agira d'irriguer les vallées du Tigre et de l'Euphrate, d'assainir et de reboiser cette région et pour celà, il est nécessaire que le bon ordre et la paix règnent dans ces régions et que l'on parvienne à grouper un nombre suffisant de travailleurs pour exécuter ces différents travaux. C'est grâce à cette coopération que nous pouvons espérer que le chemin de fer de Bagdad rendra les services qu'on en attend.

Certes, ces travaux demanderont bien du temps, mais la rapidité de leur exécution dépendra en grande partie du Gouvernement turc et des puissances intéressées. La guerre balkanique terminée, la Turquie devra concen-

____

(1) Habib Chicha, *La Province de Bagdad*. — Le Caire, 1908, p. 11.

trer toute son attention et tous ses efforts au développement
de ces provinces asiatiques et principalement de l'Anatolie
et de la Mésopotamie. La dure leçon qui lui a été infligée
dans ses provinces européennes, lui servira de guide,
espérons-le, pour sa politique intérieure en Asie Mineure
et elle constatera que le salut de l'Empire ne peut résulter
que d'une collaboration intime de toutes les différentes
nationalités résidant en Turquie d'Asie : Arabes, Turcs,
Arméniens, Grecs et autres, et qu'il est dangereux de
maintenir cet antagonisme, jusqu'ici soutenu et encouragé
par le Gouvernement turc. Grâce à cette collaboration, on
parviendra à rétablir, dans ces provinces, l'ordre sans
lequel aucun progrès moderne n'est réalisable.

D'autre part, les capitaux étrangers seront attirés et ser-
viront à l'exécution des grands travaux publics si nécessaires
dans cette région ; et c'est alors seulement que le chemin
de fer de Bagdad sera à même d'accomplir son œuvre de
développement et de progrès !

Tout cela ne s'exécutera évidemment pas en peu de temps,
mais cependant les conditions dans lesquelles se trouve
actuellement la Turquie l'obligent à hâter le plus possible
le développement de ses provinces d'Asie.

Essayons, à présent d'exposer avec tous les détails possibles, l'état économique des régions que traversera la ligne
de Bagdad, et notamment de la Mésopotamie qui en bénéficiera le plus, afin de comprendre l'influence que cette
ligne aura sur le développement économique de son hinterland et inversement de l'influence que ce dernier aura sur
le rendement économique de la ligne elle-même.

Nous dirons immédiatement que, par suite des grandes
difficultés que l'on rencontre pour recueillir des données
statistiques, ces régions n'ont guère été étudiées à ce point
de vue. La présente étude ne prétend point présenter un
état complet de la situation économique du pays ; elle n'a
d'autre ambition que d'être le prélude d'études ultérieures
plus complètes reposant sur des documents qui actuellement
font défaut.

Les ministères du commerce, des travaux publics et des finances, en Turquie, ne possèdent que peu de renseignements sur l'état économique de l'Asie Mineure. C'est à peine si nous avons trouvé quelques données intéressantes et en tous cas bien insuffisantes pour une étude approfondie de ces provinces ; aussi avons-nous eu recours aux études et rapports particuliers, qui ne sont guère nombreux, et c'est à eux que nous avons emprunté ces quelques renseignements statistiques.

b) **Le chemin de Bagdad au point de vue géographique.**

1. — L'HINTERLAND DE LA LIGNE.

En examinant la carte de la Turquie d'Asie, nous constatons trois grandes divisions géographiques bien distinctes :

1° A l'Ouest, le grand plateau volcanique anatolien que trois mers encadrent, et qui en sont séparées par les Alpes pontiques, les chaînes du bord de la mer Egée, le Taurus méditerranéen et enfin par le Taurus qui se soude au N.-E. à l'Anti-Caucase d'où partent les Alpes pontiques ;

2° A l'Est, le bassin double de l'Euphrate et du Tigre, bordé par le Taurus Méditerranéen et le Zagros persan ;

3° Au S.-E., la Syrie que coupe en deux parties inégales la chaîne du Liban, dont la plus grande forme un vaste plateau volcanique et le désert de la rive droite du bas Euphrate qui rejoint au Sud celui de l'Arabie indépendante. L'autre partie, plus petite, va rejointre la côte.

Les côtes de la Turquie d'Asie, quoique bien développées et pourvues de magnifiques ports, tels ceux de Smyrne, de Mersina, d'Alexandrette, de Tripoli et de Beyrouth, n'ont pu favoriser les communications avec l'intérieur du pays. Les montagnes trop élevées qui séparent les côtes et les ports de leur hinterland ont empêché l'établissement de voies de pénétration.

Cette configuration géographique a été également l'une des causes principales du manque de relations entre les différentes peuplades qui habitent cette région de l'Asie Mineure. Ces peuplades sont restées en effet en dehors de tout contact et de tout rapport commercial non seulement avec le monde extérieur tout entier mais aussi avec leurs voisins les plus proches.

Citons par exemple les Arabes, qui totalement isolés par la présence de limites naturelles, comme les montagnes du Kurdistan au Nord, celles de la Perse à l'Est et le désert arabique à l'Ouest, ont ignoré longtemps le reste du monde.

Le cas est identique pour les Arméniens et les Kurdes qui n'ont pu, eux non plus, établir de rapports avec la Mésopotamie et l'Anatolie, et pour les Anatoliens, qui n'ont pu entrer que rarement en relations avec les populations de la Syrie et de la Mer Noire.

L'absence de routes carrossables à travers ces montagnes et l'insécurité qui en est résultée, ont contribué à l'isolement de ces peuplades, qui, se méconnaissant, ont senti naître entre elles une hostilité qui a abouti à la haine et à la guerre. Le Kurde ne tolère pas l'Arménien, celui-ci ne tolère ni l'Arabe ni l'Anatolien ; le Syrien est hostile au Kurde et à l'Anatolien, etc.; aussi ces régions sont-elles le foyer de luttes incessantes.

L'établissement du chemin de fer d'Anatolie et des chemins de fer de Syrie a fait considérablement diminuer cet état de guerre et a permis à la Syrie d'arriver à la prospérité dont elle jouit actuellement.

La Mésopotamie, elle aussi, par suite de sa position géographique et de l'absence complète de routes a été condamnée à l'isolement ; aussi mène-t-elle encore aujourd'hui une vie presque semblable à celle qu'elle présentait il y a plusieurs siècles.

Le besoin se fait donc sentir d'établir de bonnes voies

de communication pour relier cette province avec le reste de la Turquie d'Asie et donner à ses habitants l'occasion de se mettre en contact avec leurs voisins.

En traversant le plateau d'Anatolie, les gorges du Taurus et de l'Amanus, situées au pied des monts du Kurdistan, en longeant l'Euphrate et le Tigre pour aboutir au Golfe Persique, à la mer libre, le chemin de fer de Bagdad franchira ces obstacles géographiques et mettra enfin en relation les provinces lointaines de l'Anatolie, du Kurdistan, de la Mésopotamie et du Golfe Persique restées jusqu'ici étrangères,

Cette ligne traversera en tout un territoire de plus de 500,000 kilomètres, où il n'y a pas d'autre voie ferrée qu'une petite ligne de Mersina à Adana de 67 kilomètres. Toute cette étendue n'a pour débouché commercial que le port de Mersina, relié à Adana, et le port d'Alexandrette, avec lequel elle n'est reliée que par des caravanes et des voitures, et enfin le Golfe Persique. Cette immense région n'attend que l'achèvement de la ligne pour mettre en exploitation les richesses qu'elle renferme et qui ont été négligées jusqu'à présent.

Le climat et la population.

La configuration géographique dont nous avons parlé plus haut exerce une grande influence sur le climat du pays.

Dans les hauts plateaux, le climat est rude; il est extrême dans les vallées et au pied des montagnes, alors que sur la côte il est plutôt agréable et chaud.

En Mésopotamie, nous pouvons dire que le climat est extrême, mais il se modifie considérablement en allant du Nord au Sud. Tandis qu'à Mossoul en hiver (mois de janvier) la température est de 7°, elle atteint 10°6 à Bagdad. De même, il fait plus chaud en été dans le Nord de la Mésopotamie (Mossoul) que dans le Sud (Bagdad et

Bassorah) où les vents du Golfe Persique apportent constamment de la fraîcheur.

Ex. : Mois de juillet, Mossoul = 34°2
   »   »   Bagdad = 33°

D'après sa latitude géographique, la Mésopotamie a une température supérieure de 10° à la moyenne de nos régions ; la même différence existe pour la saison d'hiver, où le froid est plus intense de 4°6 ; aussi n'est-il pas rare de voir tomber de la neige dans cette partie du pays.

Les pluies sont également plus abondantes dans le Nord de la Mésopotamie que dans le Sud ; tandis que Mossoul présente une moyenne de 309 millimètres, à Bagdad elle n'est que de 206 millimètres. La Mésopotamie appartient (1) à la région des hautes pressions de l'Est sibérien. Les courants aériens subissent, grâce à la rotation de la Terre, une déviation vers la droite et deviennent des vents du S.-O., soufflant du Golfe Persique vers la côte où ils se débarrassent de leur humidité.

Ainsi donc nous voyons qu'en exceptant les rigueurs de l'Ouest, côté du désert arabique, le climat de la Mésopotamie peut être considéré comme sain et agréable. Mais afin de le rendre plus clément encore aux colons étrangers, il y aurait lieu de reboiser la région et de dessécher les marécages créés par le débordement des fleuves. Les travaux d'irrigation entrepris dans ces dernières années auront également pour effet, semble-t-il, d'améliorer le climat.

Dans la partie Nord de la Mésopotamie, l'influence du climat *sur le sol* est beaucoup plus manifeste que dans la partie Sud. Au Nord, se trouvent des terres fertiles que l'homme ne doit pas modifier pour qu'elles donnent un bon rendement.

Au centre, là où les pluies sont moins nombreuses et

---

(1) ANDREES : *Geographie des Welthandels*, Frankfurt-a/M., p. 281.

moins régulières, l'intervention de l'homme est déjà plus nécessaire et l'irrigation s'effectue avec l'eau des grands fleuves, rassemblée dans d'immenses réservoirs, ou bien encore à l'aide de canaux.

Au Sud, sans les travaux d'irrigation, la culture du sol serait absolument impossible, étant donné l'absence de pluies.

En résumé, les conditions du climat étant déjà favorables, et pour le sol et pour l'homme, elles deviendront plus favorables encore après l'exécution des travaux de reboisement et d'assèchement, et l'on peut prévoir que de nouvelles populations pourront s'y établir et contribuer au développement économique de la région, fournissant ainsi un trafic au chemin de fer de Bagdad.

Ceci nous amène à dire quelques mots de la *population*.

La situation géographique du pays a fortement réagi sur la population. Dans les montagnes les tribus kurdes et arabes s'adonnent encore à l'élevage ; par contre, les quelques habitants des plaines qui se sont groupés sur les rives de l'Euphrate et du Tigre s'occupent principalement d'agriculture. Les rapports sont peu importants entre les montagnards et les habitants des plaines, et comme les besoins de ces populations sont très limités, elles ne travaillent que fort peu. Mais il est à espérer que, le chemin de fer une fois établi, les montagnards descendront de leurs montagnes pour vendre leurs bestiaux et leurs produits et pour les exporter par les ports d'Alexandrette et de Bassorah ; que les campagnards, de leur côté, apporteront leurs céréales et leurs fruits aux marchés et qu'un courant d'échanges plus important prendra naissance entre ces populations restées inconnues l'une à l'autre. Grâce à ces rapports plus fréquents, l'animosité qui règne aujourd'hui parmi ces populations disparaîtra peu à peu, et l'échange aidant, nous constaterons bientôt un accroissement du bien-être dans toute cette région et un courant d'immigration pourra prendre naissance. Déjà aujourd'hui, les tra-

vaux de construction de la ligne ont attiré là-bas une foule
de gens entreprenants venus d'Allemagne, qui s'y sont
installés comme ingénieurs, mécaniciens, constructeurs,
etc. On peut espérer que bientôt toutes ces populations
asiatiques, restées plongées si longtemps dans une extrème
paresse, sortiront de leur torpeur pour coopérer à l'œuvre
de pénétration et d'émancipation entreprise chez elles.

La terre et l'agriculture.

Les terres du villayet de Konia, ou tout au moins de la
partie traversée par la ligne de Bagdad sont incultes et
marécageuses. C'est surtout le manque d'eau qui met
entrave au développement de l'agriculture. D'autre part,
la présence du lac salé Tschollu et des marécages qui
l'entourent rendent la région parcourue par la ligne Konia-
Boulgourlou, incapable de fournir un rendement quelconque par elle-même. Pour la rendre productive, il serait
absolument nécessaire d'irriguer les plaines de Konia,
situées à 40 kilomètres de Thchimza.

L'eau ne serait pas bien difficile à obtenir pour effectuer
ces travaux d'irrigation, car à 90 kilomètres à l'ouest de
Konia, se trouve le lac de Beycheir, deux fois plus étendu
que le lac de Genève et une rivière, qui va se jeter dans le
lac Kazakizan, rattache ce lac à la plaine de Konia. Toutes
ces eaux sont donc facilement utilisables pour l'irrigation
de cette plaine. Elle permettraient d'irriguer 46,000 hectares de terres, qui seraient ainsi rendues des plus fertiles.

Le Gouvernement turc s'est rendu compte de l'importance que ces travaux présentaient au point de vue de l'essor
du pays et, d'accord avec la Compagnie des chemins de fer
d'Anatolie, il a entrepris l'irrigation de la plaine de Konia.
Le capital de 20 millions de francs environ que nécessitent
ces travaux est fourni par la Deutsche Bank pour le
compte du Gouvernement ottoman.

Les mêmes inconvénients topographiques se rencontrent dans la plaine de Cilicie, où les marécages ne sont pas moins nombreux, et où l'on a également dû entreprendre des travaux d'irrigation. L'eau y est fournie par le trop-plein provenant de la fonte des neiges du Taurus et de l'Anti-Taurus.

D'Adana à Mersina et Sisa, l'agriculture est très prospère. Toutes les cultures s'y rencontrent, principalement les céréales et le coton. Cette contrée est arrosée par trois fleuves : Bordan (Tarsus-Tchaï), Adana-Tchaï et Dschian, qui suffisent amplement pour arroser la plaine par les procédés modernes, même pendant les mois de septembre et d'octobre ,lorsqu'il y a manque d'eau. Après l'achèvement des travaux d'irrigation et de canalisation de la plaine d'Adana et Sisa, on pourra utiliser 350,000 hectares de terres labourables, soit 1,100,000 denumes (1) de la plaine d'Adana et 2,200,000 denumes de la plaine de Sisa. Le climat y est très favorable à la culture du coton, qui se pratique déjà dans quelques parties de la plaine de Cilicie, où elle donne une bonne récolte (2).

Non loin de la ligne de Bagdad, à Killis et à Aïntab, des milliers d'hectares pourraient encore être ajoutés aux grands champs de céréales que les émigrés tcherkesses ont défrichés depuis une trentaine d'années.

Au nord de la ligne, à Marach, sur les revers des chaînes Tauriques, se trouve un pays riche en forêts, en oliviers, en vignes et en troupeaux, pour lequel la ligne de Bagdad sera également d'une utilité incontestable.

Le pays d'Alep à Mossoul et au-delà n'est qu'une suite de *Badiès* (déserts) : Badiès-el-Irak (désert de l'Irak) ; Badiès-el-Cham (désert de Syrie), Badiès-el-Djézireh (désert de Mésopotamie). Il y a là environ trente millions d'hectares impropres à toute culture et dont les oasis ne peuvent

---

(1) Mesure turque de la surface qui corespond à 0.09 hectares.
(2) Dʳ P. Rohrbach : *Die Bagdadbahn*, 1911, p. 59.

fournir que de maigres pâturages aux troupeaux des nomades et aux caravanes. Mais en dehors de ces trente millions d'hectares de désert, il en reste encore une quarantaine dans la plaine de Mésopotamie, où la terre, les eaux et le ciel prodiguent leurs bienfaits. Lorsqu'on songe que la France (terres et eaux comprises) n'a pas quarante millions d'hectares; que la Grande-Bretagne et la marécageuse Irlande comptent en tout trente-deux millions d'hectares, on peut facilement se rendre compte de la grande quantité de terre non exploitée. Cette plaine unique, que nulle montagne ne divise, que l'on a appelée jadis Assyrie, Chaldée, Mésopotamie et Babylonie, les Arabes l'appellent encore aujourd'hui *El-Djésireh* (1) (l'île entre deux fleuves).

Au Sud de Mossoul, les vilayets de Bagdad et de Bassorah occupent un territoire de près de 270,000 kilomètres carrés, mais les plaines sablonneuses du Sud, la province d'El-Ascha (les sables), d'environ 50,000 kilomètres carrés, qui font partie intégrante de l'Arabie ne sont guère cultivables. La partie ouest, qui est la continuation d'autres contrées sablonneuses et s'étend sur 50 à 60,000 kilomètres carrés, est également presque inhabitable. Le Nord comporte encore environ 10,000 kilomètres carrés de sable, de sorte qu'il ne reste au maximum que 150,000 kilomètres carrés de plaine nue, sans une seule colline naturelle, sans un rocher et sans le moindre galet. De cette plaine immense, il faut encore déduire un ou deux millions d'hectares fréquemment submergés ; mais, par contre, la terre noire, l'humus-arabe, *sabad*, recouvre près de dix millions d'hectares. Au temps des Babyloniens, 3,000 ans avant notre ère, cette terre était extrêmement fertile et les Arabes, au temps des Khalifes et de leurs ministres Barmécides, vers les VIIme et Xme siècles de notre ère, la cultivèrent encore ; mais aujourd'hui les inondations des fleuves

----

(1) V. Bérard, *Revue de Paris*, 1907, p. 650.

l'ont réduite aux trois quarts de ce qu'elle comptait à cette époque.

Ces deux provinces, c'est-à-dire le vilayet de Bagdad et celui de Bassorah, sont arrosées par deux grands fleuves : le Tigre et l'Euphrate et par une rivière, la Diala. C'est l'Euphrate qui rend le plus de services à l'Irak. Prenant sa source en Anatolie, il parcourt un long espace, coule non loin de Birédjik (près d'Alep), puis passe par la sous préfecture d'El-Zor, arrose la province de Bagdad et se joint au Tigre à Gourni. Les deux fleuves réunis forment le Chatt-El-Arab qui arrose les cultures et les vastes jardins de dattiers de Bassorah pour se jeter ensuite dans le Golfe Persique. D'innombrables canaux, partant des deux côtés de l'Euphrate, amènent l'eau dans l'intérieur des terres.

Le Tigre prend sa source dans la province de Diárbékir. Après avoir traversé les monts Djézireh, il coule vers Mossoul et Bagdad pour rejoindre l'Euphrate à Gourni. Au temps des Khalifes, de nombreux barrages avaient été établis sur le Tigre et la Diala afin de régulariser la distribution des eaux et de faciliter l'irrigation des terres; malheureusement ces barrages ont été depuis longtemps détruits et aujourd'hui il n'en reste plus que des vestiges. Les travaux d'irrigation et de régularisation du cours des fleuves sont de la plus haute importance pour le relèvement économique de la Mésopotamie, qui, inondée par les crues de ces fleuves, se trouve privée d'eau en cas de sécheresse.

Les historiens nous rapportent qu'au temps de la civilisation chaldéenne et de l'antique prospérité de ce pays, 120,000 canaux sillonnaient la Mésopotamie. L'agriculture y était très prospère et la terre noire d'alluvions, appelée *sabad*, très fertile, y donnait deux récoltes par an. Aux dires du Dr Rohrbach, qui a exploré cette région, la terre *sabad* s'étend encore aujourd'hui sur un territoire de 24 millions d'hectares, et cet explorateur nous dit également qu'une fois mise en culture, cette terre peut donner le même rendement que celle d'Egypte. Il est persuadé qu'elle a conservé l'ancienne fertilité et qu'elle pourrait rendre à la Mésopotamie sa place de « premier pays du monde ».

M. Rohrbach nous expose les opinions des différents explorateurs de cette province, notamment celle de Sprenger qui évalue également à 24 millions d'hectares la terre cultivable dans ces provinces ; Wagner prétend, au contraire, que la moitié seulement de cette superficie est susceptible d'être cultivée, et enfin Sir William Willcoks fixe à 5,600,000 hectares la superficie de la terre arable.

Quoi qu'il en soit, il est certain que, grâce à un système de canalisation et d'irrigation très complet, on est parvenu dans l'antiquité à faire de la Mésopotamie le pays le plus riche de l'époque.

Aussi, afin de rendre à la Mésopotamie son ancien degré de prospérité, le Gouvernement turc s'est préoccupé de relever cette province au point de vue économique ; il a été poussé dans cette voie par le Sultan Abdul-Hamid qui détenait une grande partie des meilleurs terrains des vilayets de Bagdad et de Bassorah. Mais le mauvais état du Trésor et le manque de crédit du gouvernement ont empêché le projet de dépasser la période des études.

Le Gouvernement jeune-turc s'est également attaché à la solution de cette question et il a engagé à cet effet Sir William Willcoks, le distingué ingénieur hydrographe anglais qui, mis à la tête du service des eaux en Egypte, a si rapidement mené à bien l'œuvre magistrale de l'utilisation du Nil pour l'agriculture en Egypte. En 1910, il s'est rendu sur les lieux-mêmes en Mésopotamie, et après de longues études, il est parvenu à présenter à la Sublime Porte un vaste projet de travaux d'irrigation qui, une fois achevé, rendrait la Mésopotamie, au dire de M. Willcoks, « le pays le plus fertile du monde ». « Les eaux du Tigre et de l'Euphrate », dit-il, « seront aussi fécondantes que celles du Nil ».

Afin de compléter cette étude sur l'irrigation de la Mésopotamie, nous allons emprunter au rapport de M. Willcoks, les pages qui sont les plus intéressantes pour notre étude (1).

Son travail repose sur deux principes :

1° Comme les 5 millions d'hectares qui forment le delta ne peuvent être irrigués en même temps, ils ne l'ont du reste jamais été, il est important de faire un choix judicieux des superficies qui devront être arrosées au début.

2° Il faudra autant que possible suivre l'exemple des Anciens, d'abord en agissant comme le roi Ménès, en Egypte, et les ingénieurs babyloniens, qui se sont occupés au début d'une seule rive des fleuves qu'ils avaient à contrôler. Il faudra ensuite adopter le système d'irrigation continue, qui, à cause de l'époque des crues, a toujours et dès la plus haute antiquité atteint la perfection en Chaldée, alors que sur les bords du Nil pendant 4,000 ans, on a eu recours à la submersion. Ceci établi, voici l'ordre dans lequel les différentes zones devraient être pourvues d'eau :

1° La région s'étendant entre Feluja et Bagdad au nord, et Baghaila au sud ;

2° Les bords de la branche Haï du Tigre ;

3° Le pays entre Bassorah et Zobeïr ;

4° Les bords de l'affluent Hindieh de l'Euphrate ;

5° Le pays entre Beled et Bagdad sur la rive droite du Tigre ;

6° La région du canal Nahrouam.

A cause de son importance, c'est du barrage d'Hindieh que Sir Willcoks s'est occupé tout d'abord et c'est là qu'on a commencé les travaux. Ceux-ci ont pour but de relier les eaux de l'Euphrate à celles du Tigre, afin de rendre cultivables, grâce à un système de petits canaux secondaires, 80,000 hectares de terres. Un autre projet prévoyait les mesures à prendre contre les crues

---

(1) *Correspondance d'Orient*, 15 octobre 1911, p. 351.

excessives de l'Euphrate et du Tigre. C'étaient de véritables travaux d'art qui, à cause de leur prix élevé, ont été abandonnés pour le moment.

Un autre barrage également important est celui de Feluja, sur l'Euphrate, qui assurera l'irrigation continue de la région comprise entre Feluja et Mossaib sur l'Euphrate et entre Bagdad et Kout sur le Tigre. Quand ce dernier sera terminé, ainsi que le canal de la rive gauche de l'Euphrate, le creusement de l'ancien réseau qui dépendait de cette alimentation s'imposera, mais en le mettant pour le moment en communication avec l'Arad Coraïb, le Radwanieh, le Mahmoudieh, le Lastifier, on pourra déjà arroser une importante étendue de terres fertiles.

Au barrage de Feluja deux réseaux auront leur point de départ. Le premier, celui de la rive droite du Tigre, arrosera avec ses embranchements, la contrée jusqu'à Kout et partira d'une ligne qui maintiendra dans la dépression d'Akkar Kout, les eaux de l'Euphrate amenées par le Sakhlawieh. Le second réseau se détachant du barrage de Feluja, celui de la rive gauche de l'Euphrate, irriguera 270,000 hectares. Le canal principal suivra le fleuve depuis la prise de l'About Gouraib jusqu'à celle de l'Iskenderieh et alimentera au moment de l'étiage l'Abou Coraib, le Raduwanieh, le Narh Melcha, le Mahmoudieh et le canal de Babylonie qui pendant la crue s'approvisionneront directement à l'Euphrate. Un autre barrage à élever, celui de Kout, permettra la mise en culture d'environ 200,000 hectares en utilisant la branche de l'Haï qui quitte le Tigre et qui sous les Khalifes, formait encore le principal bras du fleuve.

En dehors de ces travaux, on a étudié et préparé les plans des travaux d'irrigation de Bassorah et le raccordement de Bagdad et Bassorah par des canaux conduisant l'eau là où elle est nécessaire. L'étude de ce projet étant de nature technique, nous nous contenterons de citer encore l'opinion de M. Willcoks en ce qui concerne le plan financier et le rendement économique des terres ainsi irriguées.

Il compte gagner un terrain d'environ 2,800,000 hectares (1,560,000 hectares seront arrosés par l'Euphrate et 1,240,000 hectares par le Tigre), propres à toutes les cultures, surtout à celles des céréales et du coton, et il attend des résultats très favorables. Une telle étendue n'est pas excessive étant donné que, sous le règne du Khalife Omar, au VIIme siècle (634), on évaluait à 34 millions de djaribes, ou 5 millions d'hectares la superficie de terre noire d'alluvion favorable à la culture du coton et des céréales.

Quoi qu'il en soit, il est indubitable que si le Gouvernement turc réussit un jour à exécuter les travaux projetés par Sir Willcoks, la Mésopotamie permettra non seulement de rémunérer convenablement les capitaux engagés, mais encore de combler la plus grande partie du budget de l'Etat turc.

Sir Williams Willcoks évalue les sommes nécessaires à tous ces travaux, à 15,255,000 livres turques, soit environ 350 millions de francs, somme relativement peu élevée par rapport aux avantages qu'on en escompte. Il a prévu une augmentation de 100,980,000 livres turques, soit environ 2,240,000,000 francs de la valeur des terres ainsi acquises sur lesquelles le fisc turc pourra prélever à titre de dîmes environ 1,814,000 livres turques, soit 40,000,000 de francs, par an. Cela donnerait un revenu net pour les propriétaires fonciers de 7,256,000 livres turques, soit 166 millions de francs environ. En déduisant les sommes nécessaires à l'entretien des barrages, soit 1,381,000 livres turques, il resterait encore 9 % du revenu net, pour le compte de l'Etat turc, sur la dépense des travaux d'irrigations; c'est là, en effet, un beau placement surtout si l'on y ajoute les revenus indirects que tirera le fisc de l'augmentation de la richesse publique.

De tout ce que nous venons de dire, au sujet de la fertilité du sol de l'hinterland de la ligne de Bagdad, nous pouvons conclure que la terre, sauf une petite partie pourrait y être rendue propre à l'agriculture moderne et donner aux capitaux investis un rendement satisfaisant.

Les travaux d'irrigation de la plaine de Konia et d'Adana sont en voie d'exécution et dans peu de temps les vastes champs de la Cilicie seront livrés à la culture et fourniront à la ligne ferrée une source considérable de trafic.

En Mésopotamie, à part le barrage d'Hindieh et quelques canaux et barrages moins importants en construction, on n'en est encore qu'à la période d'études.

Un détail à noter, qui facilitera l'exécution des travaux d'irrigation en Mésopotamie, c'est qu'il n'y aura pour ainsi dire rien à payer du chef d'expropriation des terres nécessaires à ces travaux ; car 60 % des terrains appartiennent à l'Etat, 20 % à différentes fondations pieuses, gérées par l'Etat, et 20 % seulement à des particuliers.

. .

Dans toute la Turquie d'Asie, l'*agriculture* est encore très primitive, ce qui fait que le sol est loin de fournir un rendement correspondant à sa fertilité. Le paysan turc, très ignorant, labourant la terre avec des instruments aratoires primitifs, parvient à peine à semer une fois par an, ignore totalement les procédés de la culture intensive. Tout ce qu'il demande c'est que la terre lui procure sa subsistance et celle de sa famille, pendant toute l'année, avec un maigre excédent lui permettant d'acquitter les impôts de l'Etat.

Sobre par nature, content de peu, produisant lui-même la plus grande partie de ce qui lui est nécessaire, le paysan anotolien n'a pas besoin d'argent et c'est pour cela qu'il s'intéresse si peu à sa production. De plus, la paresse et le fatalisme oriental concourent encore à faire de lui un être peu soucieux du lendemain. Le manque de bras peut également être considéré comme l'une des principales causes du minime rendement de la terre.

Ce qui est vrai pour l'Anatolie est également vrai pour l'hinterland de la ligne de Bagdad.

La population est très clairsemée dans cette région où, sur un territoire de plus d'un demi million de kilomètres carrés, on ne compte que 5 à 6 millions d'habitants environ, soit 10 habitants à peine par kilomètre carré ; pourtant il y a des provinces où la population est un peu plus dense et où l'on atteint 15 à 20 habitants par kilomètre carré.

Dans l'antiquité et le bas moyen-âge, au contraire, ces provinces étaient très peuplées, notamment la région de Bagdad qui, sous les Khalifes Abassides avait plus de 2 ½ millions d'habitants à elle seule, ce qui pour l'époque était une densité très forte. Mais les ravages de la peste et du choléra, les troubles incessants, le désordre général, ont dévasté ces belles provinces et en ont fait le foyer des brigands kurdes et des nomades arabes. La question de la repopulation est donc d'une importance principale et même vitale pour la prospérité future de ces contrées et pour le rendement économique de la nouvelle ligne.

Le Gouvernement turc s'est déjà préoccupé de repeupler l'Asie Mineure avec les émigrés tcherkesses, les Turcs de la Roumélie et les musulmans de la Bosnie-Herzégovine. Les régions de Konia, Marach et Aïntab, où ces émigrants se sont déjà installés, ont vu prospérer leur agriculture et l'activité s'y est aussi accrue dans tous les domaines de la vie.

La Sublime Porte espère coloniser ces régions grâce aux émigrés turcs de Russie et actuellement, après les défaites de la guerre balkanique, elle pourra y installer un grand nombre de Turcs de Macédoine, de Thrace et des îles, qui ne désirent pas rester sous les gouvernements chrétiens et préfèrent émigrer en Asie Mineure, leur « foyer » et leur « unique refuge ».

Quant à la colonisation étrangère, allemande notamment, nous en parlerons dans le chapitre où il sera question des différents intérêts économiques engagés dans cette entreprise.

Il n'y a pas de chiffres exacts concernant l'étendue du sol cultivé actuellement, et on ne sait même pas quelle est la proportion existant entre les terres cultivables et les terres stériles. La statistique turque n'étant encore qu'à ses débuts, nous n'avons pu recueillir que quelques chiffres qui ne sont pas de nature à en donner une idée bien exacte. Aussi avons-nous dû recourir, pour les compléter et les vérifier, aux évaluations établies par différents explorateurs et auteurs durant ces cinq dernières années.

D'après les rapports consulaires sur la Mésopotamie, à peine 5 % des terres cultivées autrefois le sont encore aujourd'hui. Le reste sert de pâturage aux troupeaux nomades des Arabes ou est entièrement abandonné.

. .

Analysons maintenant les différentes branches de l'agriculture dans les régions que traversera la ligne de Bagdad.

Les céréales. — Hérodote disait de la Mésopotamie : « Le sol est si favorable aux céréales, qu'elles y rendent habituellement deux cents pour un, et dans les terres d'une qualité exceptionnelle jusqu'à trois cents. Les feuilles du blé et de l'orge ont une largeur de quatre doigts. »

Il en était ainsi autrefois quand cette région était appelée le grenier du monde ! Mais à présent les conditions ont bien changé. Le sol est à peine cultivé et une très minime partie seulement est couverte de céréales; ainsi, dans le vilayet (province) de Konia, d'où part la ligne, 6 % de la terre sont cultivés pour les céréales, dans celui d'Adana 7 $\frac{1}{2}$ %, d'Alep 5 %, de Diarbékir 6 $\frac{1}{2}$ %, de Mossoul 10 %, de Bagdad 3 $\frac{1}{2}$ % et dans celui de Bassorah à peine 2 % (1).

---

(1) *Statistique officielle de l'Empire Ottoman*, 1326 (1911), Constantinople.

C'est donc surtout dans le vilayet de Mossoul (10 %), que se cultivent les céréales.

Sous les khalifes arabes, cette culture donnait à elle seule à l'Etat plus de 150 millions de francs de revenus, tandis qu'aujourd'hui cette province ne peut subvenir à ses propres frais d'administration et est obligée de recourir au subside du Trésor central. La statistique officielle turque ne nous donne pas des chiffres exacts sur la production des céréales dans les provinces desservies par la ligne de Bagdad, mais elle nous donne pourtant des résultats approximatifs des récoltes. Elle évalue par exemple la récolte des céréales de la province d'Adana à 348,513 tonnes. Une faible partie seulement, environ 14,500 tonnes, est expédiée vers l'intérieur du pays ou vers l'extérieur par le port de Mersina. Dans cette province nous rencontrons de grandes exploitations possédant des machines perfectionnées : charrues à vapeur, batteuses, faucheuses, etc.; aussi promet-elle de devenir l'un des plus riches greniers de la Turquie d'Asie.

Le sol de la province d'Alep est d'une extrême fertilité et produit en abondance les produits les plus variés des contrées chaudes et tempérées, que l'on rencontre aussi bien dans les plaines que sur les montagnes. Les céréales, telles que le blé, l'orge, le maïs, l'avoine et le millet, donnent lieu aux plus importants mouvements commerciaux. Leur production totale annuelle s'élève à 225,811 tonnes dont 15,646 tonnes sont expédiées par le port d'Alexandrette vers l'étranger et la Turquie d'Asie (1). Une fois que la ligne qui reliera Alep au port d'Alexandrette sera construite, l'exportation des céréales prendra des proportions plus considérables encore et celà aidera dans la suite à développer leur production.

Le vilayet de Diarbékir, éloigné de la mer et ne possédant pas de bonnes routes carrosables, est dans l'impos-

---

(1) Vital Cuinet : *Turquie d'Asie*, t. VI, p. 111.

sibilité d'exporter le superflu de sa récolte de céréales. Aussi la population de ce vilayet se borne-t-elle à une récolte qui suffit à son entretien, quoique le sol soit très fertile et abondant en sources d'eau. La production totale annuelle des céréales s'y élève à 77,784 tonnes.

Le sol du vilayet de Mossoul, favorable à l'agriculture en général, l'est particulièrement aux céréales, mais le manque de voies de transport vers la mer, les procédés et instruments de culture très primitifs, ont fait qu'ici aussi la population se borne à n'expédier au dehors, à dos d'animaux domestiques, qu'une partie peu importante des céréales vers les localités de la Basse-Arménie et du Kurdistan et vers les localités des montagnes environnantes. La production annuelle y est de 168,340 tonnes environ.

Mais c'est principalement dans la plaine de la Mésopotamie et de la Babylonie que l'agriculture prendra un développement considérable après l'établissement de la ligne de Bagdad et l'exécution des autres travaux déjà signalés. Evidemment il faudra un temps assez long pour que tous ces travaux s'accomplissent et pour que l'ordre si nécessaire règne dans ces contrées ; mais il est certain que la voie ferrée projetée accomplira son œuvre ici comme partout ailleurs. Sous un climat généralement sain, la terre donnera un rendement dix fois meilleur qu'actuellement et peut-être même plus que ce qu'elle donnait au temps des Khalifes Abassides. On pourrait nous objecter qu'actuellement la fertilité et les conditions climatériques, ne sont plus les mêmes qu'au temps des Khalifes. Il n'en est rien, car on a démontré, à la suite de récentes études faites en Turquie, que la fertilité du sol était restée la même qu'autrefois et qu'elle pourrait même encore être améliorée par les travaux d'irrigation qu'on se propose d'y faire. Le Nord de la Mésopotamie possédant un climat favorable à n'importe quelle culture, il n'y aura vraiment que dans la partie Sud qu'il faudra pratiquer le reboisement pour reudre le climat plus favorable en régularisant les pluies.

Anjourd'hui ces provinces ne produisent que 91,700 tonnes de céréales dont 10 à 15,000 tonnes à peine sont exportées par le port de Bassorah vers le Golfe Persique (1).

De toutes les céréales, c'est le *blé* qui est le plus abondant dans l'hinterland de la ligne ; il occupe les deux tiers du sol cultivé ; de plus sa qualité est excellente. Viennent ensuite, d'après l'importance des productions, l'*orge*, l'*avoine*, le *seigle* et le *millet*. Quant au *maïs*, on le cultive le plus dans les provinces de Konia, d'Adana et d'Alep.

Mais un autre produit végétal, susceptible d'accroître la richesse de la population et d'être l'objet du transport, c'est la *datte*.

Ce fruit sert de nourriture habituelle à la population arabe de la Mésopotamie. La vigueur des dattiers dans la province de Bagdad est extraordinaire : ni ceux de l'Egypte, ni ceux du sud de l'Algérie ne sauraient leur être comparés, car ils se trouvent réellement dans les conditions que le proverbe arabe exige pour leur fécondité. Outre les fruits, les dattiers fournissent aux Arabes des branches qui servent à la fabrication de lits, de chaises, de cages et d'autres meubles, tout en donnant également du bois de chauffage (2). Cet emploi des dattiers est tellement généralisé qu'on peut dire que cet arbre est le seul moyen d'existence de la plupart des habitants. On les cultive le long des rives du Chatt-El-Arab depuis Kourna jusqu'à Fao et dans le sandjak de Medjed. On évalue à plus de 50 les différentes espèces de dattiers qui sont cultivés dans le vilayet de Bassorah et de Bagbad. Avec la datte on prépare aussi une sorte d'eau de vie et encore une autre boisson excellente connue sous le nom de *Dibs* et *Sellàn*. Tous ces articles s'exportent vers l'Inde et la Perse, par le canal de Suez

----

(1) Dukerks : *Rapport consulaire belge sur l'Asie Mineure,* 1904.
(2) Habib Chicha : *La province de Bagdad,* p. 94.

pour l'Europe et par Bassorah pour l'Amérique de Nord. La production moyenne annuelle s'évalue environ à 2,150,000 tonnes dont 150,000 tonnes sont exportées. Depuis l'ouverture du canal de Suez, les plantations ne cessent d'augmenter ; les Arabes y voient une source considérable de revenus ; aussi s'y adonnent-ils de plus en plus. Cette culture promet donc de jouer un grand rôle dans le commerce dès que la ligne ferrée lui fournira des facilités de transport jusqu'aux ports de Bassorah et au Golfe Persique.

Après cette culture vient celle du *riz* qui est la plus répandue et donne les meilleurs résultats, particulièrement dans les deux sandjaks (sous préfectures) d'Amata et de Muntéfik ainsi que dans le vilayet de Bagdad. De nombreuses et belles rizières se succèdent tout le long des rives du Tigre et vont jusqu'à Bagdad et au delà. Les rizières de la province de Bagdad occupent un territoire de 137,000 denumes, soit 15,030 hectares, c'est-à-dire 1 1/2 % de la superficie de cette province. La production totale du riz peut y être évaluée à 19,600 tonnes, dont 10,000 tonnes sont exportées en Perse et dans l'Inde. Les rizières de la province de Bassorah occupent un territoire de 22,907 denumes, soit 2,070 hectares, et produisent par an 10 à 12,000 tonnes.

La province de Mossoul produit également une grande quantité de riz qui, faute de moyens de transport, se vend dans le pays à un prix dérisoire. La statistique officielle évalue la production totale annuelle à 2,300 tonnes, mais ce chiffre est loin d'être exact.

Un autre article qui fera encore l'objet du transport de la ligne de Bagdad est le *raisin* du vilayet de Diarbékir. De jolies vignes cultivées avec soin couvrent les collines et alternent avec les champs de blé et d'orge, et les vergers de la province. Mais comme la boisson est interdite aux Turcs par le Coran, et que ceux de cette province s'en abstiennent scrupuleusement, il se fait qu'ils ne cultivent les vignobles que pour avoir du raisin à manger et rien de plus, car les moyens de communication manquent pour le transporter vers les ports d'exportation. Le terrain planté de vignes atteint dans cette province une superficie de 418,447 denumes, soit à peine 1 1/8 % de la superficie totale de la province et la production annuelle de raisin est de 30,720 tonnes consommées dans le pays. Ce raisin, qu'on peut employer dans la fabrication du vin et de l'eau-de-vie, pourra donc devenir un important article d'exportation, dès que cette province sera reliée par un embranchement de Diarbékir à la ligne principale de Bagdad au tronçon d'Alep et au port de mer d'Alexandrette.

Après celle de Diarbékir, c'est la province d'Adana qui produit le plus de raisin, avec une production annuelle de 26,000 tonnes, dont une grande partie est exportée par le port de Mersina.

La province de Mossoul produit annuellement 17,420 tonnes de raisins et celle d'Alep environ 90,000 tonnes, dont une grande partie est exportée en Syrie par le chemin de fer d'Alep-Hama-Damas. Avant l'établissement du chemin de fer d'Alep à Damas, la culture du raisin était très peu importante dans cette région, mais une fois la voie construite, elle a pris de très grandes proportions et est devenue l'une des plus grandes sources de richesse pour la province. La ligne de Bagdad qui parcourera des régions aussi favorables à la vigne, ne pourra que développer encore cette culture.

Outre les articles cités, la Mésopotamie possède des quantités d'arbres fruitiers tels : le *citronier*, dont la production annuelle s'élève à 300,000 tonnes ; l'*oranger*, avec une production de 250,000 tonnes ; le *pommier*, 45,000 tonnes ; le *figuier*, 170,000 tonnes ; le *grenadier*, 140,000 tonnes, et d'autres encore.

Tous ces fruits s'exportent trop peu, à cause des difficultés de transport et de l'absence de connaissances des emballages permettant un long voyage.

Mais la plante industrielle qui sera probablement l'article le plus important de la Mésopotamie et qui fournira au chemin de fer de Bagdad le trafic le plus considérable, est le *coton*.

Tous les explorateurs de la Mésopotamie et de la Babylonie sont d'accord pour constater que c'est là une des richesses futures de ces régions. Le sol de tout l'hinderland de la ligne de Bagdad, très abondant en azote, en acide phosphorique et en potasse, est particulièrement favorable à la culture du coton. D'autre part, la stabilité et la douceur du climat sont extrèmement propices à cette culture ; aussi, de tout temps les cotonniers ont-ils été très abondants dans cette région, particulièrement dans les provinces de Diarbékir, de Mossoul et de Bagdad. Après l'exécution des travaux d'irrigation, la culture du coton pourra également se pratiquer dans la plaine de Konia et dans la plaine d'Adana.

Cette dernière région, connue sous le nom de Cilicie, a déjà produit du coton dans l'antiquité, et l'ancien nom donné à la ville, Héropolis ou Bambouky, qui signifie « ville de coton » et d'où est venu le nom turc *pamuk*, en est encore un vestige. Dans la Bible également on retrouve des allusions à la richesse cotonnière de cette province.

Afin de développer la culture du coton, les Allemands ont fondé à Adana une société : « Anatolische Baumwolle Dampfpresse gesellschafft » qui s'occupe de la culture du coton et a introduit à cet effet les graines américaines. Elle possède une fabrique d'égrenage et une presse hydraulique très puissante permettant de réduire fortement le volume des balles de coton. D'après la statistique turque, il y a actuellement dans cette province 1,303,598 denumes, ou 117,323 hectares, soit 3 % de la superficie de cette province consacrés à la culture du coton.

La récolte du coton dans le vilayet d'Adana (Cilicie) augmente d'année en année. Ainsi

en 1904-05 elle était de 45,000 balles (1) ;
    1905-06   »   50,000 »
    1906-07   »   56,000 »
    1907-08   »   64,000 »
    1908-09   »   76,000 »
    1909-10   »   59,000 »
et en 1910-11   »   85,000 »

Comme on le voit par ces chiffres, la production a pour ainsi dire doublé en cinq ou six années (2).

A mesure que la production augmente, l'exportation s'accroit également. Ainsi l'exportation du coton par le port de Mersina (c'est l'exportation de toute la province d'Adana) a été en :

1906 . . . . de   6,731 balles
1907 . . . . .   9,135 »
1908 . . . . . 11,599 »
1909 . . . . . 14,673 »
1911 . . . . . 19,500 »

dont les 2/3 sont dirigés vers l'Allemagne et le reste vers Marseille (3).

Dans la province d'Alep, la culture du coton est moins intense que dans celle d'Adana. On retrouve le cotonnier dans les plaines du district d'Idep, à 55 kilomètres au sud-ouest d'Alep, et dans le district de Dana, à 30 kilomètres d'Adana. A Marach s'est établie une petite colonie allemande qui s'occupe de la culture du coton qu'elle égrène, file et tisse en une toile épaisse, et qui une fois teinte sert à l'habillement des habitants du pays.

Les indigènes cultivent cette plante d'une façon très rudimentaire et la production totale de cette province s'élève à peine à 10,000 balles exportées vers Marseille.

Le sol du villayet de Diarbékir est également très favo-

---

(1) Une balle = 200 kilogs.
(2) Dr ROHRBACH, *Die Bagdadbahn*, 1911, p. 61.
(3) *Rapport consulaire français*, 1911.

rable à la culture du coton, mais le manque de moyens de transport en empêche le développement. On y produit actuellement 9,000 balles environ par an, qui sont pour la plupart consommées dans le pays par l'industrie indigène.

Le vilayet de Mossoul a été autrefois le centre de l'industrie cotonnière. C'est de là que partaient pour l'Asie Mineure et l'Europe, les nombreuses caravanes qui exportaient les étoffes bien connues sous le nom de mousseline, qui vient du nom de la ville de Mossoul. De cette célèbre industrie il reste à peine une petite industrie à domicile qui produit le feutre pour les turbans turcs et quelques draps ordinaires. Les champs où l'on cultivait jadis le coton sont à présent dévastés ; les populations y sont dispersées, et c'est au chemin de fer de Bagdad qu'incombera la tâche de relever cette ancienne industrie et de la faire renaître à son ancienne prospérité.

Mais cette culture sera plus intense encore et sera l'objet d'un trafic plus important pour la ligne de Bagdad, dans la partie traversée par le tronçon de Bagdad-Golfe Persique. Sir Willcoks, qui a bien étudié le problème de l'irrigation et du relèvement économique de la Mésopotamie, a prédit un avenir brillant à la culture du coton dans ces régions.

« Les conditions climatériques permettant de compter sur une haute température, sur une période favorable à la croissance assez longue et sur l'absence de brusques variations, ainsi que la composition du sol, formé de limon calcaire où figurent, en proportions plus que satisfaisantes, l'azote, l'acide phosphorique et la potasse, la Mésopotamie deviendra une digne rivale de l'Amérique et de l'Egypte (1). »

Quoique, à vrai dire, le coton de la Mésopotamie ne puisse nullement être comparé au coton égyptien ou américain, il est certain pourtant qu'on pourra établir des grandes cultures en Mésopotamie et que ces entreprises

______

(1) *Correspondance d'Orient*, 15 octobre 1911, p. 311.

donneront dans l'avenir des résultats très avantageux. Mais cette culture restera nulle si les irrigations et les canalisations de la plaine ne sont pas exécutées, car c'est là une condition *sine qua non* du développement de la culture cotonnière dans cette province.

Le Dr P. Rohrbach, qui s'est particulièrement occupé de cette question prétend que l'on pourra arriver aux mêmes résultats ici que dans le Turkestan, où les Russes ont planté des semences américaines qui ont donné des récoltes inattendues. Après vingt-cinq ans de travail, les Russes ont réussi à exporter du Turkestan 600,000 à 700,000 balles de coton par an, qui alimentent la moitié de l'industrie cotonnière russe. C'est grâce au Transcaspien qui a traversé les anciennes régions cotonnières d'Assir-Darria, et à la culture rationnelle entreprise par le Gouvernement russe que l'exploitation du coton a repris dans cette contrée une extension aussi considérable. Et à présent les 150 millions de francs que les fabricants russes payaient aux Américains pour leur coton, ils les paient aux paysans du Turkestan.

D'après M. Rohrbach, le chemin de fer de Bagdad serait capable de produire le même effet au point de vue économique dans son hinterland et tout particulièrement en Mésopotamie (1).

Les *graines de coton* sont aussi exportées par le port de Mersina. Pour la province d'Adana, la production s'élève annuellement, d'après la statistique turque, à 13,400 tonnes, dont 2,560 tonnes sont exportées vers Marseille.

On cultive également dans cette province, du *sézam* que l'on plante souvent avec le coton sur une même terre. La production annuelle s'élève à 6,788 tonnes qui sont exportées en Europe à l'état brut. Il en passe environ 800 tonnes annuellement par le port de Mersina. Dans la province

---

(1) Dr ROHRBACH, *Die Bagdadbahn*, p. 52.

d'Alep la production atteint 553 tonnes, presque toutes exportées en Europe par le port d'Alexandrette.

Les vilayets de Diarbékir, de Mossoul, de Bagdad et de Bassorah produisent également une quantité de sezam qui atteint le chiffre de 6 ou 7,000 tonnes, exportées par le port de Bassorah vers le Golfe Persique, vers la Perse et vers l'Inde. Ce trafic de sézam, qui se développera encore après la constuction de la ligne de Bagdad, sera l'un des plus rémunérateurs pour cette voie.

La culture du *tabac* est très développée dans la province d'Alep et présente un très grand intérêt pour le commerce extérieur. Cette culture augmente d'année en année. Ainsi, de 15,000 kilogrammes en 1890, elle a atteint en 1911 un chiffre de 265,000 kilogrammes, qui aurait été plus élevé encore si l'exportation du tabac avait été possible. Il est donc certain que cet article deviendra un objet de trafic appréciable pour la ligne de Bagdad.

Même chose pour le vilayet de Diarbékir qui produit annuellement 430,000 kilogrammes de tabac. Cet article, d'une bonne qualité, se cultive surtout dans les sandjaks d'Aïntab, d'Alep, de Killis et de Marach.

Dans le vilayet de Bagdad, la culture du tabac, quoique très importante, est moins répandue qu'aux alentours. Bagdad est le point central du commerce du tabac de la Mésopotamie et de l'Irak-Arabi. La récolte totale de la Mésopotamie peut être évaluée à 1,550,000 kilogrammes par an, dont les deux tiers sont exportés en Perse par la voie de Hanekine.

Bagdad a eu longtemps et possède encore la spécialité de deux sortes de *gommes* très répandues dans le commerce. La première est la *gomme arabique* originaire de l'Irak-Arabi (l'Irak-Arabi comprend les deux provinces de Bagdad et de Bassorah) ; la seconde est la *gomme de Laska*, ou gomme de Bassorah ou encore gomme Kutera. En 1910 on a exporté de Bassorah, pour l'Europe et surtout pour Londres, 9,368 colis de gomme, d'une valeur de 1,370,000 francs (1).

Forêts. -- La partie montagneuse du vilayet d'Adana est couverte d'immenses forêts qui s'étendent sur une superficie de 490,865 hectares. Les principales essences qui peuplent ces forêts sont : le *pin*, le *sapin*, le *chêne*, le *cyprès*, le *bouleau*, le *noisetier*, le *mûrier*, etc. Mais comme, en Turquie, l'Etat ne se soucie pas de la protection ni de l'exploitation rationnelle des forêts, cette richesse n'est pas utilisée de façon à rendre le plus de profits possibles au commerce et à la population; elle est même détruite par une coupe non réglementée. D'autre part, le manque de moyens de transport empêche l'exportation du bois coupé en planches, et les Allemands s'efforcent, à présent, d'y installer des scieries afin de créer et de développer l'industrie du bois et, par conséquent, de fournir un article de plus au trafic de la ligne de Bagdad.

Les montagnes de la province d'Alep sont également recouvertes de forêts vierges qui ne demandent qu'à être exploitées.

Le vilayet de Diarbékir a été de tout temps couvert de forêts qui s'étendent le long du Tigre jusqu'à Mossoul. Déjà à l'époque d'Alexandre le Grand et, plus tard, sous l'empereur Trajan, on y coupait du bois pour la construction des flottes; mais par suite de la négligence de l'administration turque une grande partie de cette forêt n'existe plus aujourd'hui.

Dans la province de Bagdad, on ne connait pas de forêts proprement dites, à l'exception de celles de dattiers ; les autres arbres sont peu répandus et ne forment aucun groupe important. Ceux que l'on rencontre le plus souvent sur les bords de l'Euphrate, sont le peuplier, formant des bosquets le long des rives, ainsi que le tamarinier et le mûrier blanc, qui sont déjà plus rares (2).

------

(1) *Rapport consulaire belge,* 1910.
(2) V. Cuinet, *Turquie d'Asie,* p. 25-136.

Le vilayet de Bassorah n'est en somme qu'une plaine sans montagnes ni forêts.

Dans toute la région traversée par la ligne de Bagdad, les arbres fruitiers, comme l'olivier, l'oranger, le mûrier, le pêcher, l'amandier et d'autres de cette espèce abondent. Seulement, ici encore, le commerce d'exportation n'en profite guère à cause des difficultés du transport ; on les porte en petites quantités, à dos d'ânes et de mulets, sur les marchés les plus proches. Ces fruits feront également l'objet du trafic de la ligne future de Bagdad.

Toute cette végétation était déjà pareille au temps des Khalifes, et au dire d'un historien arabe : « un oiseau pouvait voler de branche en branche de Bagdad à Bassorah » !

..

De l'exposé que nous venons de faire de l'état agricole de l'hinterland du chemin de fer de Bagdad, nous pouvons tirer comme conclusion qu'il y aura là, une fois les travaux d'irrigation achevés, une très grande richesse à mettre en valeur. Il est extrèmement difficile de déterminer d'une manière exacte quel est le chiffre du trafic que ces cultures pourront fournir à la ligne, mais il est indubitable qu'elle trouvera un rendement considérable dans les produits déjà exploités ; d'autre part, jouissant de garanties kilométriques, il lui sera facile d'attendre le développement économique de cette contrée et l'augmentation de trafic capable de procurer des bénéfices supérieurs à ceux garantis par le Gouvernement turc. Ce sera donc *une ligne d'avenir*, qui dans un temps, plus ou moins rapproché, justifiera les espoirs qu'on fonde sur elle au point de vue de son influence sur le développement économique de tout son hinderland. L'énorme richesse de ces régions attirera, certes, l'attention des financiers qui, secondés par les techniciens, mettront au jour les productions latentes du sol et l'hinderland du chemin

de fer de Bagdad sera par excellence le pays susceptible
d'offrir des placements financiers fructueux.

. .

Il n'est pas facile d'établir d'une manière précise le
nombre exact des *bestiaux* de différentes espèces qui
vivent dans la région desservie par la ligne de Bagdad.
Grâce au climat très favorable, les prairies abondent le
long de la ligne jusqu'au-delà de Mossoul. D'autre part,
les steppes de l'Ouest de la Mésopotamie, et même les oasis
de l'Arabie fournissent également une riche nourriture aux
troupeaux.

Ces bêtes appartiennent en partie aux grands propriétaires kurdes et arabes, mais un grand nombre appartiennent également aux tribus nomades, qui se transportent
d'une place à l'autre pour chercher des pâturages. La
statistique officielle turque nous donne un tableau approxi-
matif pour les bestiaux des provinces asiatiques ; nous
l'avons vérifié par les chiffres des autres statistiques
dressées par les consuls et différents explorateurs.

La province d'Adana, grâce à la proximité du port de
Mersina, exporte en Syrie (Beyrouth) pour 1,566,000 francs
de bestiaux, dont 10,639 bœufs et vaches, et 26,642 moutons. Pour la race bovine, le nombre total de têtes est
évalué par la statistique turque à 912,239 pour 1911 ;
pour la race ovine elle est estimée à 1,305,014 têtes,
sans y comprendre les 20,000 mulets, servant au transport
à l'intérieur du pays.

Le vilayet d'Alep est le plus riche en bestiaux. Le nombre d'animaux de race bovine y est de 1,930,000 bêtes.
Il y a de plus 107,658 ânes et 67,000 mulets. L'exportation
est dirigée, par le port d'Alexandrette, vers la Syrie et
l'Egypte ; il a déjà été exporté en 1911 environ 37,000
bœufs et vaches et 160,000 moutons et chèvres par ce
port. La province est très riche en gras pâturages et

l'élevage des bestiaux constitue l'occupation principale des habitants, surtout dans la région de Killis où elle est tout particulièrement en faveur.

Les vilayets de Diarbékir et de Mossoul possèdent une espèce spéciale de chèvres, aux poils très fins (*Fellik*) connue sous le nom de « chèvre d'Angora », et qui est très recherchée en Europe. Elle constitue une grande richesse pour ces régions, car c'est sa laine qui sert à fabriquer en Europe la fameuse mousseline. Le nombre de ces chèvres s'élève à 385,757 ; leur laine est surtout exportée en Angleterre. Une fois la ligne construite, cette laine fournira un trafic considérable aux tronçons Diarbékir - Alexandrette, par Alep, et Mossoul - Bassorah - Golfe Persique.

En outre, ces deux vilayets possèdent un nombre considérable de bœufs et de vaches, 288,208 environ, qui ne peuvent pas être exportés à cause des difficultés de transport et de l'énorme distance qu'on doit parcourir avant d'atteindre un port d'exportation.

Dans le vilayet de Bagdad, c'est dans les districts de Kharassan, d'Azizié, de Kout-El Amar, de Samara, etc., que se trouvent les meilleurs pâturages et les nomades de l'Arabie y font paître leurs troupeaux. Les moutons du vilayet de Bagdad et en particulier ceux de l'Irak-Arabi, ont également une toison fine, brillante et très estimée dans le commerce. De nombreux troupeaux sont dirigés fréquemment, chaque année, sur les principales places commerciales de l'Europe. Le suif et les intestins d'animaux sont devenus aussi un article d'exportation. Quant aux peaux tannées à Bagdad ou simplement salées, elles servent de fourrures aux Arabes du désert. Les peaux de quelques espèces particulières de moutons fournissent le célèbre astrakan, à la laine fine, brillante et régulièrement frisée, si recherché en Europe, surtout en Russie, et que la Perse apprécie également. Le nombre des moutons relevé dans les statistiques est de

571,650 têtes, mais ce chiffre est loin d'être exact, étant donné que les nombreux troupeaux appartenant aux nomades n'y sont pas compris.

La race *chevaline* est fort belle dans ces contrées et le cheval de selle y est du plus beau type. L'exportation en est prohibée, mais on en exporte cependant, par contrebande, environ 3,000 par an. Notons encore les animaux de la race bovine : la *vache* y est l'objet des plus grands soins, aussi voit-on beaucoup de troupeaux de vaches sur les rives du Tigre et de l'Euphrate, chez les tribus agricoles, comme chez les nomades. Leur nombre s'élève à 22,330 têtes.

Dans la province de Bassorah, l'élevage des bestiaux est, avec la culture des dattiers, la principale occupation des habitants et il contribue puissamment à augmenter la richesse des tribus arabes. On évalue le nombre de têtes de race ovine à 814,097 et celle de race bovine à 142,791, dont une grande partie (85,641) est de jeune race.

La production de *laine* augmente d'année en année et elle aussi constituera, dans un avenir prochain, avec l'élevage des bestiaux, une partie très importante de la richesse des régions traversées par la ligne de Bagdad. Déjà elle est exportée, par les ports d'Alexandrette et de Mersina, d'où on a expédié en 1910, plus de 12 à 14,000 balles (1) de laine d'une qualité excellente ; mais les inconvénients du transport entravent toute extension de cette branche de commerce.

D'après les statistiques officielles, c'est le vilayet de Diarbékir qui produit le plus de laine : environ 3 1/2 millions de kilogrammes par an. Elle est consommée dans le pays à l'exception d'une petite quantité, exportée par le port d'Alexandrette. Les montagnes de Karadjedagh, distantes de 50 kilomètres environ de Diarbékir, produisent surtout une quantité de laine ordinaire, évaluée à 180 à

---

(1) Une balle = 100 kilogrammes.

200,000 kilogrammes, dont les 4/5 sont de la laine blanche et le reste de la laine noire et grise.

Par ordre d'importance pour la production de la laine, après le vilayet de Diarbékir, vient celui de Bassorah avec 2 millions de kilogrammes et celui d'Alep avec 1,920,000 kilogrammes, mais le produit y est d'une qualité inférieure à celle du vilayet de Diarbékir. Les provinces de Bagdad et de Mossoul produisent en tout 725,000 kilogrammes. Jadis ces deux dernières provinces étaient très riches en laine, et l'industrie du drap, à Mossoul était très prospère. Mais par suite de la destruction des troupeaux par les bandes kurdes et arabes, et du désordre général qui règne encore aujourd'hui dans ces régions, cette industrie a presque complètement disparu; la laine y est employée, avant tout, pour les vêtements des indigènes. Le chemin de fer apportant l'ordre et la sécurité, il est à espérer que l'élevage du bétail s'accroîtrera et que par conséquent la production de la laine deviendra plus abondante encore.

Notons aussi, avant de finir ce chapître, la production de la *soie* qui, quoique encore à ses débuts, promet pourtant de devenir un jour une source très importante de richesses pour les habitants et un article essentiel pour le commerce d'exportation.

Nous avons vu que toute la région de la ligne de Bagdad abondait en mûriers ; c'est ce qui a provoqué le développement de l'élevage du ver à soie. Les habitants de la province d'Adana s'occupent de plus en plus de cet élevage; aussi la quantité de soie produite augmente-t-elle progressivement. De 2,000 kilogrammes en 1900, elle est montée à 7,230 kilogrammes en 1909 et promet de donner des résultats très appréciés dans un avenir prochain.

Dans la province de Diarbékir, on s'occupe activement pour le moment, de l'élevage des vers à soie, et la soie de bonne qualité est exportée à Marseille. La récolte de cocons augmente sensiblement : ainsi en 1904, elle était de

153,000 kilogrammes, en 1905 de 192,000 kilogrammes, et en 1907 de 186,000 kilogrammes, pour atteindre en 1910, 220,000 kilogrammes.

Les habitants des provinces de Bagdad et de Bassorah, riches en mûriers, ne s'occupent pas beaucoup actuellement de l'élevage des vers à soie. Cependant par suite des efforts que déploie l'Administration de la Dette publique ottomane, chargée de la perception de la dîme de la soie, ce produit commence à intéresser les Arabes, et il est à espérer que cette culture ne tardera pas à devenir leur occupation préférée dès qu'ils s'apercevront du bénéfice qu'ils peuvent en retirer. Les chiffres de la dîme de la soie perçus par la Dette publique ottomane, dans la province de Bagdad, accusent une légère augmentation de cette production. Ainsi les sommes perçues du chef de la dîme de la soie qui n'atteignaient en 1907, que la somme de 1,775 piastres, se sont élevées en 1911 à 10,858 piastres, ce qui est déjà un résultat assez satisfaisant.

Notons enfin que le vilayet d'Alep produit aussi annuellement environ 170,000 kilogrammes de cocons exportés à Marseille.

* *

En somme, tout cet ensemble de produits que nous avons examinés fera l'objet du trafic de la ligne ferrée, soit pour être transporté d'une ville à l'autre dans l'hinterland de la voie, soit pour être dirigé vers un port de la Méditerranée ou du Golfe Persique.

Les produits du sous-sol.

D'après la géographie de M. Karl Andrée's (1) la formation géologique de la Mésopotamie, de l'Arabie et de la Syrie est la même que celle de la région du Nil, qui n'en est séparée d'ailleurs que par la Mer Rouge.

---

(1) KARL ANDRÉE'S : *Géographie des Welthandels*, Frankfurt/M., 1912, p. 253.

Cette analogie du sous-sol a été constatée par différents explorateurs.

Par contre, ils ont beaucoup de peine à se prononcer sur les richesses minérales de ce sous-sol d'Asie Mineure qui jusqu'à présent n'a pas encore été exploité.

Les mêmes causes que celles mentionnées en ce qui concerne l'agriculture et l'élevage des bestiaux peuvent être ici invoquées. De plus, le manque de techniciens et le danger que présente l'étude et l'exploitation de mines situées dans le voisinage des tribus kurdes et arabes toujours en révolte, ont empêché les Européens d'y engager des capitaux et d'y envoyer les missions d'étude. Mais une fois l'ordre rétabli dans ces provinces, les richesses que cache le sous-sol du pays attireront certainement les capitaux et les ingénieurs étrangers, et de ce fait l'industrie minière aidera au développement économique de la ligne de Bagdad.

Les statistiques officielles que nous avons consultées à ce sujet, ne nous donnent pas de renseignements précis sur l'étendue des mines et la quantité de minerai extrait et c'est à peine si elles nous indiquent les mines exploitées et celles nouvellement découvertes, mais non exploitées encore.

D'après cette statistique, tout le sol du vilayet d'Adana serait très riche en filons de métaux, tels que le fer, le cuivre et le plomb argentifère, mais il n'y a qu'une seule mine exploitée. Elle a une superficie de 328 djeribs (1) et contient du plomb argentifère. De plus, il y a trois mines non exploitées d'une superficie de 7,162-80 djeribs, et encore quatre mines découvertes dans les environs de Mersina et du Tarsus. L'une, d'une superficie de 7,574 djeribs, est exploitée et contient du plomb argentifère et du chrome. Il a été exporté dernièrement en Allemagne et en France une quantité de 1,618 tonnes de chrome ; les chiffres manquent pour les autres minerais.

----

(1) 1 djéribs = 60 pieds carrés.

Dans le vilayet d'Alep, il n'y a pas une seule mine qui soit pour le moment en exploitation, quoiqu'il y ait des gisements riches en cuivre et en pétrole. Le pétrole se trouve sur le littoral, entre Alexandrette et Arsous. Les Allemands ont constitué une société « La Compagnie du Pétrole d'Alexandrette », qui a obtenu un firman de concession, mais l'exploitation n'en a pas encore été commencée. Son étendue est évaluée à 7,294 djéribs ou 437,580 pieds carrés ; d'après les études préalables faites par cette société allemande, le pétrole de bonne qualité s'y trouvera en quantité considérable et les Allemands espèrent l'utiliser pour les machines de leur chemin de fer d'Alep à Alexandrette.

Dans les environs d'Antioche les minerais de plomb argentifère, d'antimoine, de boracite et de chrome se rencontrent abondamment. Dans la région d'Aïntab, le sol renferme de l'or, de l'argent et du fer. A Marach, on a découvert des mines de houille et de fer, mais le manque de moyens de transport et d'autres difficultés que nous avons exposées plus haut empêchent toute utilisation de ces richesses. Des sources d'eaux minérales se trouvent également dans ce vilayet, notamment celle d'Amouk entre Alep et Alexandrette, une autre à 50 kilomètres d'Alep et enfin celle d'Albustane.

A 20 kilomètres d'Alexandrette, au pied des derniers contreforts occidentaux de la chaîne de l'Amanus, et à dix minutes de la mer, se trouve la petite ville de *Payas*, qui sert actuellement de lieu de réclusion. Sa rade est fréquentée toute l'année par des navires chargeant du bois de charpente, des cordes et du charbon de bois, et, de novembre à mars, des oranges.

D'après une étude superficielle sur la production minière de ces deux vilayets (1), on peut conclure à l'existence de 64 millions de tonnes de minerais environ.

---

(1) *Correspondance d'Orient* , septembre 1912, p. 180.

Il résulte de la statistique officielle que le vilayet de Diarbékir est le plus riche de tous, mais malheureusement aucune mine n'y est encore exploitée. Une seule y est concédée ; c'est celle d'Erghani, d'une superficie de 2,256 djéribs, qui renferme du plomb argentifère. En outre, il y a cinq mines d'argent découvertes et étudiées à Erghani et deux de cuivre à Mardine.

En ce qui concerne la Mésopotamie, la statistique officielle ne nous donne aucun chiffre ; elle n'est pas parvenue encore à recueillir des détails. Pourtant, d'après d'autres sources de documentation, cette région est loin d'être dépourvue de richesses minières. Ainsi, il a été constaté que la Haute Mésopotamie possède, du côté de Djerich et d'Harpol, des gisements de cuivre, de plomb argentifère, d'or et de houille qui, jusqu'à présent, n'ont pas même été touchés.

Dans la Mésopotamie méridionale on a découvert des sources de bitume, de naphte et de pétrole blanc, presque toutes à proximité de l'Euphrate. Ce sont ces mêmes sources qui longent la vallée de l'Euphrate qui ont été étudiées par les Allemands dans le vilayet d'Alep.

D'après L. de Launay (1), la zone des sources de pétrole part de l'Arménie, suit la côte méridionale de la Perse et se confond plus loin dans l'Inde avec les deux gisements pétrolifères du Penjab et de la Birmanie supérieure. C'est le prolongement de cette zone qui passe par Sumatra et Java.

Une première région, d'environ 700 kilomètres de long, connue depuis longtemps, mais ne donnant pas lieu à une véritable exploitation industrielle, suit parallèlement la vallée du Tigre et les chaînes du Kurdistan avec une direction générale N.O. - S.E.

On la signale successivement en Turquie : à Kerkouk,

---

(1) *La Géologie et les richesses minérales de l'Asie.* — Paris, Bérenger, 1911, p. 463.

Tous-Chourmati, Kifri et Mendeli, puis en Perse dans le Kirmanchah, à Schuster, au S.-E. des ruines de Suse et à Ram-Ormuz.

Sur le bas Euphrate, à Hitt, on trouve de l'asphalte. A l'est du Tigre, à Kerkouk (200 kilomètres au nord de Bagdad), on recueille depuis longtemps du naphte qui est expédié à Bagdad et dans toute la Mésopotamie orientale.

L'opinion de M. L. de Launay est partagée par le Dr Rohrbach pour ce qui concerne la richesse pétrolifère du pays ; ce dernier est persuadé qu'il y a en Mésopotamie beaucoup plus de sources de pétrole qu'on ne le croit. Suivant lui, le gisement de pétrole descendant de la Perse, du côté de Sabach, se dirige vers le sud du Tigre et de l'Euphrate, pour aboutir à Kerkouk, Tekrit (Tigre) et Hitt (Euphrate). Cela correspond donc bien à l'opinion de M. de Launay. D'autres auteurs pensent que la zone du pétrole commence au Caucase, descend à l'Est vers la Perse et le Turkestan et au Sud-Est vers la Mésopotamie.

Quoi qu'il en soit, il est très probable que le pétrole sera dans un avenir prochain susceptible d'être exploité et et constituera un produit d'exportation très important. Les Allemands prétendent, de plus, que le pétrole de ces régions, une fois exploité, pourra facilement faire la concurrence au pétrole de Russie !

A l'heure actuelle il existe trois compagnies anglaises qui s'occupent de l'extraction du naphte à Ferghani : la Ferghan Naphte C°, la Rikstan C° et la Niwicoff C°, qui donnent toutes les trois de fort bons résultats.

On a découvert également dans le Djébel-Hamrin, à 90 kilomètres au nord-ouest de Bagdad et de la rive gauche du Tigre, d'importantes *houillères* et le charbon de ces mines a été essayé avec un plein succès par la compagnie de navigation fluviale.

On rencontre également beaucoup de couches de gypse cristalin répandues à peu près sur toute la superficie du territoire riverain de l'Euphrate, sauf dans le voisinage des sources bitumeuses.

Le *sel*, dont la production augmente d'année en année, grâce aux soins de l'Administration de la Dette publique ottomane, qui est chargée de la perception de la dîme et de l'administration des salines, est aussi susceptible d'alimenter un commerce important. D'après les chiffres que nous a fourni cette Administration, il a été exporté, en 1910 - 1911 vers les pays balkaniques, 3,903,766 kilogrammes de sel provenant des salines de l'Asie Mineure et 62,471,436 kilogrammes vers les Indes Anglaises, en dehors des 243,409,181 kilogrammes consommés par la Turquie (1).

Toute cette quantité de sel, s'élevant à 312,508,478 kilogrammes, de même que celle exportée vers Samos et la Crête, provient des salines des vilayets de Konia, d'Adana, d'Alep, de Mossoul, de Diarbékir, de Bagdad et d'Erzéroum.

Les embranchements de la ligne de Bagdad, de Diarbékir vers Van et Erzéroum par la ligne de Sivas, qui seront reliés à la ligne principale, faciliteront le transport du sel, de l'intérieur aux ports d'Alexandrette et de Mersina et vers le Golfe Persique pour être expédié aux Indes anglaises.

Les plus importantes salines qui sont en grande partie exploitées, sont celles du vilayet de Konia, où la vente a passé de 11,130,440 piastres en 1906 à 12,653,716 piastres en 1910.

Les salines du vilayet d'Adana sont assez nombreuses également mais inexploitées; de même dans le vilayet d'Alep où il y a un groupe de 16 à 18 salines très riches : à Djebah, à 33 kilomètres d'Alep.

Les vilayets de Mossoul, de Bagdad et de Bassorah, sous la direction de Bagdad qui les administre, possédent aussi de nombreuses salines. Aux portes mêmes de

---

(1) *Rapport officiel de l'Administration de la Dette publique ottomane*, 1910-1911. — Constantinople, 1911.

la ville de Bagdad, existe une saline du nom du cheik
Omar, mesurant 900 mètres de long sur 450 de large
et composée de plusieurs sources situées à quelques
mètres les unes des autres (1). On évalue la production
moyenne annuelle du sel de cette saline à 385,000 kilogrammes. La saline de Hitt est située dans le cazas de
Dilim, à 160 kilomètres nord-ouest de Bagdad, sur la rive
droite de l'Euphrate. C'est un ensemble de plusieurs
sources sapides ayant un parcours de 2,700 mètres et
dont l'eau vient se déverser et se cristalliser dans les
bassins autrefois au nombre de 160, mais réduit aujourd'hui à 50. Près de Kobeïssé se trouve une vallée où
viennent s'écouler un grand nombre de sources sapides.
Dans le canton d'Azizié il existe une autre vallée où
se réunissent de nombreuses et abondantes eaux salées ;
les unes viennent des environs, les autres des sources
lointaines, situées au pied des montagnes de la frontière
persane ; elles s'y accumulent et s'y cristallisent sous
l'action des rayons du soleil. La saline ainsi formée
s'étend sur une longueur d'environ 200 mètres, à 72 kilomètres de Bagdad. La saline de Malha est située à
65 kilomètres au nord-ouest de Bagdad ; plus loin encore, à
85 kilomètres de cette ville, se trouvent les salines de
Drehem et d'Abar Tabba ; l'étendue de chacune de ces
salines est d'environ 3,600 mètres carrés.

Dans la vallée située au centre de la grande plaine de la
Mésopotamie, connue sous le nom de El-Djézireh (l'Ile),
coulent aussi de nombreuses sources salées qui laissent tout
le long de leur parcours de grand amas de sel. Cette
saline commence en un point situé à 50 kilomètres au
nord-est de Hitt et à 131 kilomètres du nord-ouest de
Bagdad et se développe du sud au nord-ouest, à l'intérieur
de la Mésopotamie sur une longueur de 90 kilomètres

____

(1) Vital Cuinet : *Turquie d'Asie*, p. 280

dans le vilayet de Bagdad et d'environ 200 kilomètres dans celui de Mossoul.

Dans le sandjak de Kerbella on rencontre également un assez grand nombre de salines fournissant un sel de fort bon goût. D'après les évaluations de l'Administration de la Dette publique ottomane, la production totale de ces trois provinces a été en 1906 de 2,100,000 kilogrammes et elle a atteint en 1910 le chiffre respectable de 2 1/2 millions de kilogrammes, dont les 2/3 sont exportés par le Golfe Persique vers les Indes Anglaises.

. .

Par l'article 22 de la Convention passée entre le Gouvernement turc et la Compagnie de Bagdad, celle-ci a obtenu le droit « d'exploiter toutes les mines non encore concédées dans une zone de 20 kilomètres de l'axe de la voie ». Cette stipulation facilitera aux Allemands, l'étude des mines situées le long de la ligne principale et de ses embranchements et il est certain qu'ils arriveront à découvrir des richesses cachées dans le sous-sol de la Mésopotamie. Ils seront d'autant plus disposés à le faire que l'industrie florissante de la métropole exige des matières premières et qu'il faudra constituer un trafic pour la nouvelle voie ferrée de Bagdad. L'embranchement de Diarbékir les amènera à exploiter les sept mines déjà découvertes de chrome, de fer et de plomb argentifère, et les embranchements de la Mésopotamie les conduiront à l'exploitation des sources de pétrole et des sources salines.

L'Industrie.

En général, la Turquie d'Asie est un pays agricole et d'élevage qui ne possède presque pas d'industrie dans le vrai sens du mot. A l'exception de quelques minoteries et briqueteries, il n'existe pas de grandes usines qui méritent ce nom. La population, en dehors des travaux du champ, s'occupe de la confection de ses vêtements et n'achète au marché que ce qu'elle ne sait pas produire. L'extrême pauvreté des habitants ne permet pas de constituer des sociétés commerciales nationales et l'insécurité et le désordre qui règnent dans le pays, éloignent les capitaux étrangers.

Avec l'arrivée des Allemands et la construction du tronçon d'Adana, la culture du coton s'est développée et les Allemands ont constitué l'*Anatolische Baumwolle-Dampfpresse Gesellschafft*. Peu après, on a vu s'établir à Mersina quelques petites usines pour la préparation du coton. Cinq entreprises d'égrenage sont déjà installées dans cette ville, et on compte trente-huit établissements semblables, produisant 4,000 tonnes de coton, dans la ville d'Adana. En outre, il y a une minoterie à Mersina et quatre à Adana, une fabrique de glace, une scierie et une grande huilière à vapeur, toutes installées depuis la construction de la ligne. Il est évident que c'est là un piètre succès mais c'est un bon prélude, qui ne manquera pas de prendre de l'extension dans l'avenir.

La province d'Alep fournit de très bons tissus de soie et de coton, fabriqués dans les ateliers d'Aïntab et d'Antioche. Elle produit aussi quelques autres articles exportés vers le reste de la Turquie et l'Egypte. Ses exportations de cotonnades et de soiries s'élèvent annuellement à 560 tonnes environ, d'une valeur de 5,671,415 francs et cette industrie progressera certainement encore quand la culture du coton et de la soie y seront pratiquées davantage.

En dehors de cette industrie, les artisans fabriquent encore des objets en or et en argent. La fabrication des tapis, quoique moins importante que dans les autres parties de la Turquie d'Asie, se pratique également dans la province d'Alep.

Au temps des Khalifes, les provinces de Diarbékir et de

Mossoul étaient très prospères au point de vue industriel. L'orfèvrerie, la fabrication des armes, des tapis, des tissus de soie et de coton connus sous le nom de mousselines et des toiles façonnées pour turbans, étaient très florissantes. Actuellement on n'en trouve plus de traces, à part quelques insignifiantes fabriques de tissus de laine et d'étoffes ordinaires de coton, produisant juste de quoi satisfaire aux besoins des habitants.

Mais, étant donné que les provinces sont riches en bestiaux, l'industrie de la laine peut renaître avec l'établissement du chemin de fer qui amènera des capitaux, des gens d'affaires et des techniciens.

Quoique considérablement déchue du haut rang qu'elle occupait au temps des Khalifes Abassides, l'industrie de la Mésopotamie et de la Babylonie n'est pas sans avoir conservé quelques restes des brillantes et solides qualités qui la distinguaient jadis. Sous ce rapport elle demeure encore importante et sa déchéance n'est vraiment à déplorer qu'au point de vue de la variété et de l'abondance de la production ; elle n'est donc pas sans remède.

Bagdad est encore aujourd'hui le grand centre industriel. C'est là que se trouvent les nombreuses fabriques d'*aba* (sorte de drap ordinaire se rapprochant du feutre) et de *keffié* (pièces de soie frangées de longues cordelettes terminées par des houppes, et dont le tissu est mélangé de fils d'or et d'argent; les Arabes s'en font de riches et pittoresques coiffures). On fabrique également dans cette ville des *entari* ou *zéboun*, espèces de manteaux en étoffe pour hommes. Tous ces articles sont exportés vers l'Egypte et le Hedjaz.

La tannerie, et la fabrication et l'impression à la main des tissus de coton constituent les branches les plus rémunératrices de l'industrie locale. La fabrication des tapis pourrait se développer merveilleusement, mais l'inertie de la population l'entrave très sérieusement.

L'industrie des briques et des tuiles, autrefois si répandue dans toute la Mésopotamie à cause de la bonne qualité de la terre, n'a pas cessé de prospérer. Aujourd'hui encore elle peut se développer et fournir un aliment important au commerce d'exportation.

Les poteries de l'Irak-Arabi, appelées gargoulettes ou *cherbé*, conservent très bien la fraîcheur de l'eau pendant l'été. La poterie de Bagdad, élégante, légère et commode, pourra être vendue avantageusement en Perse dès que l'embranchement de Hanekine aura été construit.

De ce court exposé sur l'industrie de l'hinterland du nouveau chemin de fer résulte cette impression qu'on n'a rien fait pour maintenir ou développer l'ancienne prospérité du pays et qu'il reste encore bien à faire avant que ces régions ne recouvrent leur ancienne richesse industrielle. Il est évident que le chemin de fer de Bagdad stimulera ce progrès; mais celui-ci ne sera effectivement fécond que si les capitaux et les techniciens étrangers viennent y apporter leur concours.

Le commerce.

Dans toute la Turquie d'Asie le commerce se limite à un échange du surplus des produits agricoles entre les régions qui en ont en abondance et celles qui en manquent. Il en est de même pour les produits de certaines industries spécialisées dans quelques endroits. Vu l'absence de routes carrossables et de chemins de fer, les transactions commerciales sont minimes et il n'y a que dans les ports maritimes qu'il existe un mouvement un peu intense; aussi on peut dire que l'intérieur du pays est endormi dans un perpétuel sommeil. Mais on espère qu'une fois sillonné par les voies ferrées, il se réveillera et reprendra son activité d'antan. Les champs et les mines y seront à nouveau exploités et de nouveaux courants commerciaux s'établiront vers les deux mers qui baignent ses côtes.

L'hinterland tout entier de la ligne de Bagdad exporte les produits agricoles et les matières premières, soit dans l'intérieur du pays au moyen de caravanes, soit par les ports de Mersina, d'Alexandrette et de Bassorah vers l'étranger.

La province d'Adana a vu son commerce se développer considérablement depuis l'établissement de la ligne Adana-Mersina, qui lui ouvrit le chemin vers l'Europe par voie de mer. Elle y exporte aujourd'hui des céréales, de la laine, des bois de construction et de chauffage, des bestiaux, des peaux, du coton, etc., pour une quantité de 51,200 tonnes. En outre elle exporte vers l'intérieur des tissus de coton et de laine; mais il est impossible d'établir d'une manière précise le chiffre de cette exportation. Les uns l'évaluent à 6 millions de francs, les autres l'estiment à plus de 10 millions. L'écart est grand, comme on voit.

Quoi qu'il en soit, cette province fournira vraisemblement des produits d'exportation pour la voie de Marach à Kharpout, car elle la mettra en communication avec les vilayets de Van et d'Erzéroum, qui achètent beaucoup de tissus et de céréales. Enfin, actuellement il est question de construire un réseau ferré dans tout l'ouest de l'Asie Mineure, réseau qui atteindra la frontière russe d'une part et la Mer Noire d'autre part par un embranchement à la ligne de Bagdad.

Parmi les importations nous citerons tous les articles fabriqués que la province ne produit pas, tels que : les machines agricoles, dont l'usage se développe tous les jours, les articles de fer, et en général tous les articles de la grande industrie, formant un ensemble de 20,394 tonnes dont une partie (10 à 15,000 tonnes) entre par le port de Mersina et l'autre partie par la ligne d'Anatolie.

La province d'Alep, d'ailleurs très riche, n'est desservie par aucune ligne ferrée. L'unique port ouvert au commerce extérieur est le port d'Alexandrette, mais il est éloigné de

160 kilomètres d'Alep, chef lieu de la province où tout le commerce de l'intérieur est concentré. La voie qui relie Alep au port est à peine utilisable pour les caravanes, et cela restreint considérablement le rayon de vente de beaucoup d'articles, surtout des fruits et des légumes qui ne peuvent supporter un long voyage. C'est pourquoi une grande quantité des produits de la terre est vendue à vil prix sur les marchés d'Alep. Une fois la ligne de Bagdad construite et la province reliée au port d'Alexandrette par un embranchement, le pays verra son commerce intérieur devenir plus actif, et cette région est appelée à profiter d'un commerce de transit très important. Les provinces de Diarbékir, de Mossoul et les régions de Kharpout, enverront leurs produits vers le port d'Alexandrette, et Alep, de ce fait, deviendra le lieu de rendez-vous nécessaire pour tous les commerçants de ces provinces.

Les commerçants des régions de l'Euphrate prendront également la voie d'Alep plutôt que de descendre par Bagdad pour se rendre au Golfe Persique, et cela contribuera évidemment encore à l'expansion commerciale du vilayet.

On exporte également de la province d'Alep soit par caravanes, soit par le port d'Alexandrette ou par la ligne d'Alep-Homs et Tripoli (Syrie), des céréales, des olives, des pistaches, des raisins secs, des racines de réglisse, de la laine, des peaux brutes, du bétail et des étoffes de soie, le tout pour une quantité de 24,877 tonnes (1).

Les importations s'élèvent à 20,033 tonnes, arrivant par le port d'Alexandrette et consistant en articles fabriqués venant de l'Europe.

Les deux provinces de Diarbékir et de Mossoul, ne disposant d'aucun port de mer, sont obligées d'échanger les excédents de leurs produits agricoles avec les provinces d'Arménie et du Kurdistan, où elles exportent les tissus de

---

(1) *Rapport consulaire belge*, 1911.

soie et de coton de Mossoul. Aussi le commerce est-il très restreint et on attend que l'embranchement Mardin-Diarbékir soit construit pour que cette province puisse avoir une sortie sur la mer Méditerranée au port d'Alexandrette. Les mines, nombreuses dans ces régions, fourniront aussi un précieux appoint au commerce d'exportation ; les céréales et le coton du vilayet de Mossoul prendront également la route d'Alexandrette.

Après avoir connu autrefois des jours de splendeur et de prospérité, le commerce de Bagdad est tombé depuis une vingtaine d'années dans un état de marasme complet. Tous les jours, cette province, qui, jadis, formait un centre commercial important, voit une partie de son commerce lui échapper au profit d'autres villes rivales dont le trafic est plus intense.

La province de Bagdad, située au point de croisement de plusieurs routes, a de tout temps servi de centre de transit aux marchandises venant de la Perse, de l'Arabie et même du nord de la côte de Malabar (Indes), ainsi qu'aux marchandises provenant de l'Europe, par la voie de Bassorah et destinées à cette contrée. De nombreuses caravanes partaient journellement de Bagdad pour Damas et Alep, transportant de tous côtés les marchandises et les divers produits du pays ; c'était en effet la voie la plus rapide et la plus économique pour gagner les Echelles du Levant (1). Mais c'est surtout le commerce d'exportation de l'Inde et de l'Extrême-Orient qui jadis, au temps des Khalifes, a fait la fortune de Bagdad et de Bassorah ; Bassorah était l'échelle de ce commerce et Bagdad en était le bazar. Les Khalifes avaient fondé leur capitale au point du Tigre où convergeaient les routes terrestres de l'Irak, de la Mésopotamie, de l'Arabie et de la Syrie. Bagdad fut un des plus riches marchés de l'univers. Les vaisseaux de Bassorah lui apportaient des chargements de l'Inde et de la

---

(1) Habib Chicha : *La province de Bagdad*, p. 126.

Chine ; d'autre part, les caravanes de la Perse et même de la Russie descendaient par tous les défilés de la ceinture montagneuse (1).

Mais, avec le percement de l'Isthme de Suez, la situation si favorable de la Mésopotamie a complètement changé. La Malle des Indes, les voyageurs et les marchandises ont pris cette route plus commode et plus courte et Bagdad est ainsi restée isolée de tout commerce international.

Bagdad n'est plus reliée au reste du monde que par les courriers qui remontent le Tigre ou l'Euphrate vers Constantinople, par quelques convois de chameaux qui lui arrivent de Damas et d'Alep, à travers le désert, ou de la frontière persane, de Kirmanchah, par les radeaux qui de Diarbékir et de Mossoul descendent le Tigre et encore par des petits vapeurs qui remontent ces fleuves.

Actuellement, Bagdad sert de lieu de transit pour l'ouest de la Perse, la ville de Kermanchah, pour le nord de la Mésopotamie (le vilayet de Mossoul), le désert de l'Arabie et les régions fluviales. Ainsi donc quatre voies, soit pour l'exportation, soit pour l'importation, ont leur point de départ à Bagdad.

Le transit pour la Perse est d'une importance capitale pour le développement commercial actuel et futur de la Mésopotamie. Les fleuves, le Tigre d'abord et le Chatt-El-Arab ensuite, longent les limites sud-ouest de la Perse. Bagdad (sur le Tigre) est un véritable port de la Perse occidentale. C'est par là que la plupart des marchandises européennes destinées à la Perse et venant de Bassorah, transitent pour gagner l'intérieur et Téhéran. Avec l'embranchement d'Hanekine (frontière turco-persane) à Bagdad et la construction de la ligne Téhéran-Hanekine, en vertu de l'accord de Potsdam, toute importation européenne vers la Perse méridionale prendra la route Europe-Bagdad-Hanekine-Téhéran. Il en sera surtout ainsi

____

(1) *Revue de Paris*, 1907, p. 430.

pour les marchandises qui ne peuvent supporter le long voyage par caravane de Bouchir à l'intérieur du pays. C'est là pour la ligne de Bagdad un trafic énorme dont on doit tenir compte, surtout après l'accord de Potsdam.

Ce transit par Bagdad des produits européens destinés à la Perse, en dépit de toutes difficultés de transport par caravanes de Bagdad à la frontière, transport qui dure de quatre à cinq jours et même plus, augmente de jour en jour. Ainsi, il était en 1905, de 13,300,000 francs, et en 1910 il s'est élevé à 30,086,000 francs (1), ce qui nous fait espérer que ce trafic pourra encore augmenter considérablement dès que la ligne Bagdad-Hanekine aura été construite.

En dehors de ce transit la province de Bagdad exporte encore en Perse ses propres produits consistant surtout en étoffes et en soieries, pour une valeur de 4,140,000 fr. Au contraire, elle reçoit de la Perse, toujours par la même voie, soit pour la Turquie soit pour l'Europe, des produits consistant en gommes, tapis, drogues, opium, etc., pour 5 millions de francs environ, de |sorte qu'on peut évaluer les transactions commerciales entre Bagdad et la Perse à une somme totale de 40 millions de francs. Cette somme est plus considérable que celle de toute l'exportation de la province de Bagdad, qui s'élève à 21,235,000 francs.

Un élément qu'on ne doit pas négliger quand on étudie ces transports (de la Perse par Bagdad), ce sont les pélérins persans qui viennent tous les ans faire leurs dévotions aux tombeaux des Saints chîtes à Kerbella et Nedjeff. Leur nombre peut être évalué à 60,000 par an.

Les deux vilayets de Diarbékir et de Mossoul ne disposant pas d'accès à la mer, se servent aussi de la place de Bagdad pour l'exportation de l'excédent de leurs produits agricoles. Le transport s'effectue à l'aide de radeaux, appelés *kélek*, sur l'Euphrate et le Tigre, ou par caravanes, qui

---

(1) La statistique ne nous donne pas les chiffres sur la quantité des marchandises.

prennent huit à dix jours pour se rendre de Mossoul à Bagdad. Les exportations de ces deux provinces par Bagdad s'élèvent à 7 millions de francs. De plus, on importe de la province de Bagdad des dattes, des peaux et les étoffes « bagdadin » servant à l'habillement de la population aisée, le tout pour environ 5 millions de francs.

Par la voie du désert, la province de Bagdad exporte vers Alep et Damas, du bétail, des étoffes et des dattes pour une somme de 6 millions de francs. Cette exportation se fait par caravanes, et dure de huit à dix jours.

Il est bien probable que par suite de l'établissement de la ligne de Bagdad, les échanges entre ces provinces deviendront de plus en plus intenses et s'effectueront de préférence par le port d'Alexandrette, ou par celui de Bassorah et le Golfe Persique, car les difficultés et l'extrème longueur du voyage par caravanes empêchent tout développement commercial.

La principale voie commerciale de la province de Bagdad est celle qui la relie au Golfe Persique par le port de Bassorah. C'est la seule voie de communication extérieure qui existe actuellement entre Bagdad et la mer libre et qui est constituée par le fleuve sur lequel naviguent les bateaux de la société anglaise Lynch et Cie, qui n'ayant obtenu aucun succès sur l'Euphrate, a reporté son champ d'activité sur le Tigre et le Chatt-El-Arab. Parallèlement à ce service, les bateaux turcs, en plus grand nombre, effectuent un service identique, de telle sorte qu'il y a certainement quatre à cinq départs par semaine pour voyageurs et marchandises de Bassorah pour Bagdad et vice-versa. La distance qui sépare Bagdad de Bassorah est d'environ 450 kilomètres, et le voyage dure 3 à 3 1/2 jours. Les énormes détours du Tigre y retardent considérablement la navigation.

De Bassorah au Golfe Persique il y a une distance de 120 kilomètres par le Chatt-El-Arab, formé par la jonction des deux fleuves : le Tigre et l'Euphrate. Les bateaux ayant un tirant d'eau de plus de 17 pieds ne peuvent franchir la barre du fleuve qu'aux grandes marées se présentant deux fois par mois (à la nouvelle et à la pleine lune). C'est de ces grandes marées que profitent les bateaux de fort tonnage pour leur arrivée et leur départ.

Le port de Bassorah est aujourd'hui une échelle du Golfe Persique, de Bagdad et de la plaine des fleuves. Jadis, aux premiers siècles de l'hégire, Bassorah, telle quelle est décrite dans les « Mille et une Nuits », était une sorte de New-York ou de Hambourg où se rencontraient les commerçants de l'Extrème Orient, de l'Inde, de la Malaisie et de l'Afrique, qui n'avaient d'autre intermédiaire pour leurs relations avec l'Islam et l'Occident, que ce port. Jusqu'à la découverte du Cap de Bonne-Espérance, Bassorah garda cette richesse, mais elle commença bientôt à décliner, pour disparaître totalement lors du percement du canal de Suez. Aujourd'hui un petit nombre de bateaux anglais, allemands et russes y viennent encore régulièrement débarquer les marchandises européennes et embarquer celles destinées à l'exportation vers l'Europe et l'Inde.

C'est par ce port que la Mésopotamie exporte la plus grande partie de ses produits; ainsi, sur un total de 21,235,000 francs représentant l'exportation de cette province, 18,740,000 francs prennent la voie de Bassorah et du Golfe Persique pour l'Europe et l'Inde. Nous constatons le même fait dans l'importation européenne par mer. Ainsi, sur 69,200,000 francs d'importation totale, 51,500,000 francs passent par Bassorah et le reste par les autres voies que nous avons énumérées ci-dessus.

Le tronçon de Bagdad au Golfe Persique, rencontrera une concurrence sérieuse de la part des services de navigation sur les fleuves, car les tarifs qui aujourd'hui sont encore exorbitants (ils atteignent 26 à 30 shillings par tonne), seront certainement établis de façon à faire passer toutes les marchandises par la voie fluviale, plutôt que par la voie ferrée. Les concessionnaires de la ligne Bagdad-Golfe Persique, qui, jusqu'à la renonciation de la Compagnie de Bagdad, étaient des Allemands, se seront certainement aperçus qu'ils ne pouvaient pas supporter cette concurrence. Aussi, les journaux allemands, en commentant cette renonciation, ont exprimé leur joie d'avoir vu les Allemands se débarrasser d'une ligne qui n'aurait jamais pu procurer un rendement financier suffisant. Nous ne contestons pas ces affirmations des journaux allemands, mais nous n'hésitons pas à dire qu'on rencontre dans beaucoup de pays des chemins de fer faisant de bonnes affaires, quoique établis à côté de canaux ou de fleuves navigables.

Un fait certain, c'est que les grosses marchandises prendront la voie fluviale, mais les voyageurs et les marchandises ne supportant pas de longs parcours préféreront la voie par chemin de fer.

Le chemin de fer aura d'ailleurs une heureuse influence sur le développement économique du pays, car il créera de nouvelles richesses qui pourront, à l'avenir, satisfaire le trafic par voie fluviale et par voie ferrée.

2. — Les Ports.

Le Port de Mersina.

Se trouvant à 67 kilomètres de la ville d'Adana, dans une plaine extrèmement fertile, et ayant une rade ouverte aux bateaux de grand tonnage, le port de Mersina, jusqu'à l'établissement de la ligne de Bagdad, a été l'unique port des provinces d'Adana, de Diarbékir et des environs. Il entretenait des relations commerciales fréquentes avec l'Europe, étant à la fois port d'exportation pour les céréales, le coton et la soie, et port d'importation pour les articles venant de l'Europe et destinés au pays.

En 1904, avant la construction du tronçon Konia-Adana

de la ligne principale, les exportations se chiffraient à 95,440 tonnes; elles sont tombées, en 1910, à 52,210. De même pour les importations; en 1904 elles étaient de 25,650 tonnes; en 1910 elles n'étaient plus que de 20,440 tonnes.

En 1904, on constatait que les chiffres des exportations et importations avaient doublé en cinq années de temps et on espérait que le port de Mersina allait devenir un des ports les plus prospères de la Méditerranée turque. Mais à partir de 1904 et surtout après 1910 ce mouvement commercial a subi une régression sensible causée par le fait que la province d'Adana a été reliée à la ligne de Bagdad par le tronçon Konia-Adana. De Konia la voie conduit, par la ligne d'Anatolie, vers Constantinople, et cela détourne une grande partie du mouvement commercial de cette région et le dirige vers la capitale au lieu de le diriger vers le port de Mersina. C'est l'un des effets de la tactique de la Compagnie des chemins de fer d'Anatolie qui, par le jeu des tarifs, attire le plus possible à elle le trafic qui, sinon, prendrait le chemin du port de Mersina. Ce port est donc condamné à ne plus jouer que le rôle d'un port purement local, alors qu'il réunissait toutes les conditions nécessaires pour s'attirer le commerce de toute la province et de ses environs.

Comme la terre de cet hinterland est très fertile et peut donner de grandes quantités de céréales, le port de Mersina trouve dans ces produits un bon article d'exportation pour son trafic, d'autant plus que les céréales exportées de cette région prennent presque toutes la route de l'Europe.

D'autre part, le développement plus intense que prend tous les jours le port d'Alexandrette, également sur la Méditerranée, semble attirer de plus en plus le commerce de la région et même celui des environs de Mersina. Au lieu de tirer profit de la ligne de Bagdad, c'est donc la ligne qui, ici, bénéficiera du trafic du port.

Le port d'Alexandrette.

Ce port, qui se développe constamment, promet de devenir bientôt le plus fréquenté de tous et d'accaparer presque tout le trafic de la région d'Alep et de la haute Mésopotamie.

Le port d'Alexandrette forme, grâce à son admirable position géographique et à l'absolue sécurité de sa vaste rade, un port naturel de l'Asie Mineure du Sud dont l'accès est très aisé, même pendant les grandes tempêtes qui sévissent sur la côte syrienne. Mais le mauvais état des routes, le manque de lignes ferrées dans la région, entravent en général son commerce.

Il n'y avait pas de meilleur port pour la ligne de Bagdad que celui d'Alexandrette; c'est pourquoi il a été choisi par la Compagnie. N'étant pas plus loin de Bagdad que du Golfe Persique, il promettait d'être non seulement le débouché d'Alep, de Diarbékir, de Kiblis, d'Aïntab et de Mossoul, mais d'attirer encore une grande partie du commerce de Bagdad. Par la renonciation de la Compagnie de Bagdad au tronçon Bagdad-Golfe Persique, les Allemands perdant l'accès au Golfe Persique, ont demandé d'avoir sur la Méditerranée un port qui puisse avoir des attaches avec Bagdad. En vertu d'un firman impérial daté du 19 mai 1911, jour même où la Compagnie de Bagdad renonçait aux droits que lui accordait la convention pour les travaux d'au-delà de Bagdad, la société allemande qui exploite le port de Haïdar-Pacha obtenait la concession de la construction et de l'exploitation du port d'Alexandrette. Mais comme ce port est éloigné de plus de 60 kilomètres du chef-lieu de la province d'Alep, les Allemands ont obtenu la concession d'une ligne ferrée allant du port d'Alexandrette à Moustafa-bey, ville située sur la ligne principale de Bagdad, qui met ce port en communication directe avec toute la province d'Alep desservie par cette ligne. Dans deux ans, donc à la fin de 1913 ou 1914, cette ligne sera construite et peu après, en 1915 ou 1916, les travaux du port seront également achevés. La ligne de Bagdad sera terminée vers 1918, de sorte que pour cette époque la ligne avec les embranchements et les ports les plus proches seront complètement en exploitation. Toutes ces concessions expirant avec celle de Bagdad, il en résulte que les Allemands seront maîtres des ports et des lignes environnantes pendant un siècle environ !

Si les Anglais ont réussi à barrer le chemin aux Allemands vers le Golfe Persique, les Allemands par contre ont réussi à leur empêcher tout accès à la côte méditerranéenne de l'Asie Mineure, à Mersina et à Alexandrette. Actuellement les Allemands s'efforcent de concentrer tout le commerce de l'Asie Mineure centrale dans ces ports et de faire une concurrence au port de Bassorah et du Golfe Persique où les Anglais sont les maîtres.

Les provinces de Mossoul, de Diarbékir, de Kastamoni, et même les régions du sud de l'Arménie et du Kurdistan, reliées à la ligne de Bagdad par les embranchements de Diarbékir, Kharpout et Ourfa, utiliseront plutôt le port d'Alexandrette, que de descendre le fleuve jusqu'à Bassorah, et elles fourniront encore un trafic considérable au port d'Alexandrette.

Ce port fournira des avantages précieux à la ligne de Bagdad. Actuellement il lui sert comme port d'importation de tous les matériaux nécessaires à la construction. Faute de ce port, ceux-ci auraient dû passer par Constantinople ou Mersina, ce qui aurait coûté beaucoup plus cher et retardé les travaux. Une fois la ligne construite, ce port lui procurera du trafic, car toutes les exportations et les importations passant par Alexandrette prendront la ligne de Bagdad pour arriver à l'intérieur du pays. De son côté la ligne donnera les mêmes avantages au port, car elle lui apportera un important trafic.

En ce moment le port d'Alexandrette ne dessert que le commerce de son hinterland le plus proche, qui se chiffre à 24,817 tonnes pour l'exportation et 20,330 tonnes pour l'importation.

. .

Les deux ports que nous venons d'étudier se trouvent sur le littoral de la Méditerranée ; il nous reste à dire quelques mots des ports du Golfe Persique, c'est-à-dire de ceux de Bassorah et de Koweit.

Le port de Bassorah.

Le port de Bassorah n'est pas à vrai dire un port maritime; c'est un port fluvial (tout comme ceux de Hambourg et d'Anvers) situé sur la rive droite du Chatt-El-Arab, mais sa rade n'est pas capable de recevoir les navires d'un tirant d'eau de plus de 17 pieds, le Tigre ayant formé à son embouchure une barre à cette profondeur.

Il est éloigné de 120 kilomètres du Golfe Persique, et n'ayant pas une vaste rade, ne peut recevoir les grands navires venant d'Europe ; ceux-ci sont obligés de transborder leur cargaison sur des allèges qui les conduisent à Bassorah ; cela nuit évidemment à la rapidité du mouvement commercial et maritime de la place.

Jusqu'à Bagdad, la ligne n'aura pas une grande influence sur le développement du port de Bassorah, étant donnée la distance de plus de 430 kilomètres qui sépare ces deux villes. De plus, une partie importante des exportations qui s'effectuent aujourd'hui par Bassorah se dirigera plutôt du côté du port d'Alexandrette que vers le Golfe Persique et en ce sens la ligne même nuira au port de Bassorah.

Par contre, la construction du tronçon Bagdad-Golfe Persique sera favorable au port de Bassorah en ce sens que le commerce de toute la Babylonie s'y dirigera. Bassorah deviendra le rendez-vous de tous les commerçants du Golfe Persique et de son littoral et sera, pour le tronçon Bagdad-

Golfe Persique, ce qu'est le port d'Alexandrette pour la ligne de Bagdad. Et ici encore, nous retrouverons cette collaboration étroite entre le chemin de fer et le port, pour favoriser l'essor économique du pays.

Jusqu'en 1901, seuls les bateaux anglais entretenaient des relations entre ce port et l'Europe. Depuis lors, la Russie a établi un service régulier vers Odessa, et en 1906 la compagnie allemande : « Deutsche Levante Linie » vint y établir une agence, et le port de Bassorah fut mis en communication avec Hambourg et les autres ports d'Allemagne que desservent les bateaux de cette compagnie.

En 1910 le mouvement maritime de Bassorah était de 162 vapeurs à l'entrée avec un tonnage de 180,920 tonnes, dont 146 vapeurs anglais, 12 allemands et 4 russes.

Le port de Koweit.

Le port de Koweit, situé sur le littoral du Golfe Persique à 60 kilomètres de l'embouchure du Chatt-El-Arab, est pour le moment sans aucune importance économique. C'est cependant un port naturel excellent, capable de recevoir les grands bateaux qui y trouvent un abri contre les vents du sud, très fréquents dans cette région. Mais la pauvreté de l'hinterland n'a pu y attirer le commerce étranger.

Actuellement ce port sert uniquemment aux exportations des produits naturels du pays : chevaux, laine, peaux, que les nomades arabes y apportent à dos de chameaux pour les échanger contre des céréales, du riz et des produits manufacturés venant de l'Europe.

Mais si la ligne de Bagdad le choisit comme terminus, il est indubitable qu'il deviendra le plus important du Golfe Persique et qu'il pourra faire concurrence aux ports de Bouchir et de Bender-Abbas.

c) **Les intérêts économiques des puissances intéressées dans le chemin de fer de Bagdad.**

1. — *La Turquie.*

Au point de vue économique, la Turquie espère un relèvement économique général du pays traversé par la ligne. Il est évident que parmi les facteurs qui participeront à ce relèvement, la ligne de Bagdad sera un des plus influents.

Les énormes richesses que cachent le sous sol et le sol de la Mésopotamie, fourniront au Trésor turc des revenus considérables rien que du chef des dîmes des céréales, de la soie, du tabac, du sel et du coton. L'exploitation minière, dont une partie appartiendra à l'Etat, constituera également une source de revenus dont on doit tenir compte. L'exploitation des forêts et des salines, très nombreuses dans tout l'hinterland, et surtout les cultures à créer, comme celles du coton, de la soie, l'exploitation du pétrole, etc..., tout cet ensemble constituera pour les finances ottomanes, si précaires, un revenu appréciable, qui permettra peut être à la Turquie de se relever.

L'établissement de la ligne ferrée en Anatolie a d'ailleurs déjà donné la preuve de cet accroissement de revenus, surtout pour la dîme des céréales. Ainsi, avant la construction de la ligne d'Anatolie, les revenus de la dîme dans toute l'Anatolie ne croissait que de 1.1/2 % à 10 %, tandis que depuis l'établissement de cette voie, en 1891, c'est-à-dire dès la première année d'exploitation, les dîmes se sont accrues de 43 %. Deux ans après l'achèvement de la ligne, en 1892, elles passaient à 57 %, et en 1897 à 70.40 %, et depuis lors cet accroissement n'a cessé de progresser d'année en année. Les recettes ont dépassé tout dernièrement 95 % des revenus que la région donnait avant l'établissement de ce chemin de fer.

Cela a permis au Gouvernement turc de se procurer un revenu considérable qui lui a servi de supplément de garantie pour la Compagnie de Bagdad.

Le même fait a été constaté pour le rendement de la dîme dans la région de Smyrne-Aïdin et de toute la Syrie. Il semble donc bien probable que les mêmes causes produiront les mêmes effets dans la région desservie par la ligne de Bagdad.

D'autre part, il est prouvé que là où passe un chemin de fer, le prix des terrains augmente dans des proportions considérables. Comme l'Etat turc possède d'énormes propriétés qui appartenaient autrefois au Sultan déchu, il est naturel qu'il en tirera des avantages, soit en les vendant, soit en les louant. De plus, le fisc turc trouvera dans cet accroissement du prix des immeubles, un élément rémunérateur pour frapper d'un impôt la plus value immobilière.

Le développement du commerce extérieur augmentera également le revenu des droits de douanes et l'Etat turc pourra espérer enfin retirer quelque revenu de ses provinces asiatiques, dont beaucoup sont encore aujourd'hui, plutôt une charge pour le trésor.

2. — *L'Allemagne.*

L'intérêt économique de l'Allemagne dans cette entreprise peut être envisagé à un double point de vue : celui *de l'expansion commerciale* et celui *de la colonisation.*

Nous avons vu avec quelle intelligence et quelle tenacité la diplomatie allemande s'est implantée dans la Question d'Orient. Actuellement elle est sur pied d'égalité avec la diplomatie anglaise, française et russe et le commerce extérieur de l'Allemagne a retiré de cette situation les plus grands avantages.

En effet, le commerce allemand avec la Turquie a plus que triplé en quelques années. Les industries manufacturières, chimiques, métallurgiques allemandes ont tout-à-fait évincé l'industrie française et anglaise et leurs produits tendent à se répandre de plus en plus. En 1887, date du début des relations commerciales entre la Turquie et l'Allemagne, celle-ci occupait la sixième place dans l'importation de la Turquie, soit 6 %; en 1910, elle avait gagné la troisième place avec 22 %.

Mais c'est surtout en Asie Mineure qu'on constate le développement de l'influence allemande ; grâce au chemin de fer d'Anatolie, elle a pu acquérir là-bas une place prépondérante ; elle a, pour s'attirer la sympathie des Turcs, qui la regardaient au début d'un œil méfiant, fondé des écoles, des hôpitaux et autres établissements de charité.

Pour développer la culture du coton dans la région traversée par leur ligne, ils ont créé la « Deutsche Levantinische Baumwolle Gesellschafft », dont le siège est à Dresde, et qui possède des agences et des stations de plantations dans tous les centres le long de la ligne d'Anatolie, où cette culture peut prospérer.

L'agence d'Adana a donné déjà de très beaux résultats; elle a exporté en 1910 plus de 40,000 balles de coton en Allemagne. Cette société compte établir des plantations dans toute la plaine de Konia, d'Adana, d'Alep, le long du Tigre et de l'Euphrate et espère produire, dans quelques années une quantité de coton suffisante pour émanciper l'industrie cotonnière allemande de l'Amérique.

D'autre part, comme l'accroissement de la population allemande nécessite un accroissement de vivres, les Allemands ont cherché à trouver un grenier de céréales pour le jour où le sol allemand surpeuplé ne pourrait plus nourrir ses habitants.

La Mésopotamie, l'antique grenier du monde, leur a paru particulièrement susceptible de suffire à ces besoins, et ils ont commencé à développer l'agriculture en Anatolie.

« Afin d'amener la population d'Anatolie à une exploitation plus rationnelle de la terre et de développer par là le trafic de la ligne, la Compagnie des chemins de fer d'Anatolie a créé, dans son Administration centrale à Constantinople, un département spécial de culture agricole dont le but est d'initier les habitants aux progrès réalisés en Europe, par des démonstrations et des expériences concluantes sur les terrains acquis et exploités à cet effet. La Compagnie facilite aux paysans l'acquisition de machines agricoles, leur prête des semences, favorise la plantation d'arbres fruitiers (1). »

Cette compagnie a établi, le long de la ligne et dans l'intérieur, des agences commerciales et agricoles comme celles de Cézarée, de Kir-Cheir, de Boulgourlou, de Yuzgat, Nigde, etc., qui rendent des avantages appréciables à l'agriculture et au commerce des céréales. Ces stations allemandes ont réussi à s'acquérir la sympathie des Turcs, et cela ne peut être que favorable à l'installation des colons allemands, qui sans cela seraient exposés aux mauvais traitements de leurs voisins turcs.

La soie qu'on commence à cultiver dans les provinces d'Adana, d'Alep et de Mossoul sera également un article précieux pour l'industrie allemande.

Le pétrole, qu'on espère extraire en quantité considérable de la Mésopotamie, facilitera la création dans le pays, de différentes usines qui réclameront des machines et d'autres matériaux de l'Allemagne.

La richesse minière de l'hinterland de la ligne fournira également à l'industrie métallurgique allemande des matières premières excellentes.

En somme, l'industrie allemande trouvera là-bas des matières suffisantes pour s'émanciper des marchés américains et européens de ces articles, où elle rencontre à présent la concurrence redoutable de l'industrie anglaise, française et belge. Cette importation des matières premières d'Asie Mineure aura inévitablement pour conséquence une

---

(1) MORAWITZ : *Les finances de la Turquie*, p. 207.

exportation plus importante des articles manufacturés allemands vers ce pays.

Les Allemands ont déjà ouvert les voies à leur commerce vers l'Asie Mineure ; ils ont établi, grâce à la « Deutsche Levante Linie », des liens maritimes avec cette contrée, en créant des services réguliers entre Hambourg, Smyrne, Mersina, Alexandrette et Bassorah.

Leurs banques se sont déjà établies là-bas et ont fondé des succursales et agences dans tous les centres commerciaux de l'Asie Mineure et à Constantinople. Ils ont concentré l'administration et la direction de toutes leurs entreprises en Asie Mineure entre les mains de la Deutsche Bank, qui s'est chargée de défendre les intérêts économiques de l'Allemagne en Turquie.

La Deutsche Bank a obtenu récemment de nouvelles concessions qui fourniront des avantages précieux à l'industrie et au commerce allemand. Entr'autres, les travaux d'irrigation des plaines de Konia et d'Adana, la construction du tronçon Alexandrette-ligne de Bagdad, et on a dit dernièrement que la Sublime Porte avait entamé des négociations avec la Compagnie d'Anatolie, l'*alter ego* de la Deutsche Bank, au sujet de la concession de la ligne Angora-Soulou-Séraï-Siwas.

En somme, on peut dire que toute la vie économique de l'Asie Mineure méridionale est entre les mains des établissements allemands ; on peut juger par là des avantages énormes qu'en tirera leur commerce.

Les différents rapports consulaires que nous avons consultés à ce sujet, nous prouvent que le commerce allemand s'est déjà emparé de tout le mouvement commercial des ports et des villes que la ligne de Bagdad traverse ou traversera. Ainsi le commerce de Mersina qui, il y a peu de temps encore, était entre les mains des Anglais et des Français, appartient aujourd'hui aux Allemands ; au dire du consul de France à Mersina, 50 % des importations viennent d'Allemagne, tandis qu'avant la construction de la ligne de Bagdad, ce chiffre ne dépassait guère 10 %.

« Les efforts des Allemands sont énormes en vue de s'accaparer du commerce de toute l'Asie turque. Ils offrent beaucoup de facilités aux commerçants : bon marché, livraison immédiate sans transbordement, crédit, etc., de sorte qu'ils ont réussi à déplacer le commerce français dans ces régions (1). »

Le même fait est constaté à Alexandrette, où les Allemands ne manqueront pas de devenir les maîtres absolus dès que la ligne d'Alexandrette à la ligne de Bagdad et le port d'Alexandrette seront construits.

Dans la Mésopotamie, le commerce appartient à quatre puissances, dit M. Prienet, Chargé d'affaires français à Constantinople. En première ligne, avec une avance considérable sur les autres, figure la Grande-Bretagne avec les Indes, en second lieu l'Allemagne, dont les importations vers la Mésopotamie croissent chaque année, lentement mais constamment. La France vient ensuite avec son important commerce de sucre et enfin en dernier lieu l'Autriche-Hongrie.

Il est intéressant de remarquer que l'Allemagne n'est venue commercer avec la Mésopotamie que depuis 1906, date de l'établissement d'une ligne maritime entre Hambourg et le Golfe Persique, tandis que la France et l'Angleterre y entretiennent déjà depuis cinquante ans des relations commerciales suivies et constantes. Ici encore on constate aisément l'effort fait par l'Allemagne pour son expansion et la lutte qui se déroule là-bas entre les grandes puissances européennes.

Dans cet ordre d'idées nous devons encore envisager le commerce allemand d'importation vers la Perse. Ce trafic prend la voie de Hambourg au Golfe Persique et de là les bateaux suivent le Chatt-El-Arab et les fleuves jusqu'à

---

(1) *Rapport Consulaire français;* Adana, 1904.

Bagdad. De Bagdad à Kermanchah le voyage dure 13 jours à dos de chameaux.

Une autre voie commerciale part de Hambourg au port persan de Bouchir, pour aboutir ensuite à l'intérieur du pays.

Une troisième voie, celle que prennent les colis postaux, se dirige de Berlin, par la Russie à la frontière nord de la Perse. Mais la plus importante est celle qui va de l'Allemagne par Bagdad à Kermanchah, étant donné que dans le sud de la Perse les Anglais ont acquis tout le commerce, et que par suite les Allemands y rencontrent différents inconvénients, tandis que la zone de Kermanchah est, en vertu du traité anglo-russe de 1907, considérée comme étant neutre et laissée au commerce libre de toutes les nations.

En 1901-1902 l'importation allemande en Perse était insignifiante; à peine 2,382,755 krans (1) ou 1,076,067 francs et dix ans après, en 1910-1911, le chiffre atteint une somme de 13,977,445 krans, soit 6,419,624 francs, c'est-à-dire que l'importation a quintuplé pendant ce laps de temps. En 1901, l'Allemagne occupait à peine la septième place dans l'ordre des puissances importatrices en Perse, et dix ans après elle prend la quatrième place dans le commerce général.

Par colis postaux, l'Allemagne fait également un commerce considérable avec la Perse. En 1904 elle a expédié 333 colis et en 1910 elle en a expédié 75,621 d'une valeur de 648,748 francs, sur un total de 271,128 colis postaux importés en Perse. Sa part est donc de 28 1/2 % (2). Mais ce commerce éprouve beaucoup de difficultés, surtout à cause du transit par la Russie où il est exposé à de nombreux tracas de la part des autorités russes qui essayent d'entraver le plus possible ce trafic vers la Perse.

---

(1) *Krans :* monnaie persane, vaut fr. 0-46.
(2) *Statistique officielle de la Perse,* 1912.

Par la construction de la ligne de Bagdad et l'embranchement vers Hanekine et Téhéran, l'Allemagne dirigera tout son commerce vers la Perse par la voie Berlin-Constantinople-Bagdad-Hanekine (frontière persane)-Téhéran, ou par bateaux Hambourg-Golfe Persique-Bagdad et la Perse, et cela ne pourra qu'accroître plus considérablement encore le commerce d'exportation allemand en Perse. C'est un point que les créateurs de la ligne de Bagdad ont eu en vue.

. .

Le problème *de la colonisation* de l'Asie Mineure par des colons allemands a particulièrement préoccupé les orientalistes allemands, et des opinions très divergentes ont été émises à ce sujet.

Tous ceux qui ont étudié l'état économique de l'Asie Mineure sont unanimes à déclarer que le relèvement de ce pays exige une population plus dense, capable de s'adapter aux nouvelles exigences de la culture moderne de la terre, pour lui faire donner un rendement correspondant aux capitaux engagés.

D'après les uns le chemin de fer de Bagdad serait improductif si les régions inhabitées qu'il desservira ne sont pas colonisées sur une grande échelle, car d'après le lieutenant-colonel von Bieberstein, « dix à quinze millions de colons parviendront difficilement à faire rendre aux terres de cette région la moitié de leur valeur productive ».

Quoique ce chiffre soit très exagéré, il est certain que le manque de main-d'œuvre entravera tous les efforts faits pour relever économiquement ce pays endormi; mais une colonisation allemande est cependant difficile. D'abord l'Allemagne ne désire pas expatrier un grand nombre de ses nationaux et les visées politiques allemandes en Europe ne lui permettent pas de se priver d'un nombre considérable de soldats. D'autre part, la Turquie sait bien

qu'une semblable colonisation en Asie Mineure constituerait un danger pour l'avenir de l'Empire des Sultans et
elle aurait commis une faute irréparable si elle n'avait
pris des précautions contre une telle invasion des étrangers dans le centre de l'Islamisme, « unique refuge des
Turcs ».

La convention de 1903 a d'ailleurs prévu cette éventualité et dans une lettre-annexe adressée au Ministre des
travaux publics par la Compagnie de Bagdad le jour même
de la publication de la Convention, c'est-à-dire le 5 mars
1903, *le concessionnaire s'engageait à ne pas amener et
installer des colons étrangers dans les environs de la ligne
susmentionnée.* Cette déclaration, trop vague et trop brève,
est devenue lettre morte.

D'ailleurs les Allemands de cette Compagnie s'engagent
seulement à ne pas « amener les colons étrangers », mais
la convention autorise le concessionnaire à employer « les
ouvriers et techniciens étrangers nécessaires au service de
la ligne ». Comme la construction de cette ligne dure déjà
depuis dix ans environ et qu'il est probable qu'elle durera
encore six à sept ans, les ouvriers et les techniciens allemands ont pu s'installer définitivement et ont même acheté
des terrains.

D'autre part, à l'instar de la Compagnie d'Anatolie, la
Compagnie de Bagdad s'efforce de développer l'agriculture,
la culture du coton, de la soie et du tabac, ce qui exige
évidemment des techniciens et des agronomes, pour
initier les indigènes à la culture rationnelle du sol. Le
Gouvernement turc n'aura pas le droit d'invoquer la clause
de la lettre-annexe, puisque ce ne sont pas là des colons,
mais en quelque sorte des instructeurs.

Comme les indigènes sont pauvres, les capitalistes allemands peuvent acquérir de grandes propriétés foncières à
des conditions très avantageuses et y installer des fermes
agricoles modèles. Dans ces stations, il y aura naturellement des agronomes allemands qui pourront faire venir

des paysans allemands pour cultiver la terre dont ils sont propriétaires. La loi turque autorise les étrangers à acquérir des immeubles à condition de les soumettre aux lois ottomanes. Les Allemands pourront de cette façon s'en procurer une grande quantité et peu à peu, par *colonisation évolutionniste*, ils s'installeront dans les régions de la ligne de Bagdad et surtout dans son proche voisinage.

Ainsi donc, la prohibition de la lettre - annexe sera savamment détournée et les Allemands pourront un jour faire valoir devant l'Europe « qu'ils ont des intérêts économiques spéciaux en Asie Mineure » et en raison de la situation qu'ils auront acquise, c'est leur voix qui devra être la plus écoutée lorsque la question de l'Asie Mineure sera mise en discussion.

Aussi, il semble bien que dans un avenir plus ou moins lointain, par le procédé de la colonisation évolutioniste, les Allemands seront les maîtres de l'Anatolie et de la Mésopotamie.

Tel est l'avis exprimé par des personnages allemands, assez compétents en ce qui concerne la Turquie et le chemin de fer de Bagdad. Pourtant le maréchal allemand von der Golz, instructeur militaire de l'armée turque, a affirmé que « la colonisation est impossible pour le moment ». Le Dr Rohrbach, auteur de l'ouvrage que nous avons maintes fois cité, déclare aussi que « la colonisation allemande en masse est impossible et qu'il n'y a que la colonisation turque qui puisse réussir ».

Quoi qu'il en soit, les Allemands caressent l'idée que tôt ou tard ils pourront, d'une manière ou d'une autre, coloniser l'antique berceau de l'humanité, lorsque la population toujours grandissante de l'Empire allemand les forcera à émigrer. Ils préféreront s'installer en Turquie d'Asie qu'en Amérique du Nord ou du Sud ; car les 5 millions d'Allemands qui ont émigré aux Etats-Unis depuis 1840, se sont à peu près noyés dans l'élément anglo-saxon ; tandis qu'en

Asie Mineure, vivant à côté de peuples d'une civilisation primitive, les colons allemands pourront maintenir leur nationalité et leur langue.

3. — *L'Angleterre.*

La Grande Bretagne a été de tout temps le plus important fournisseur et client de la Turquie. Elle s'efforce de plus en plus, de maintenir cette prépondérance car elle s'est aperçue que l'expansion allemande, ici comme ailleurs, devenait pour elle une sérieuse menace.

En 1887, la part de l'Angleterre dans les importations ottomanes était de 61 % et elle occupait la première place; en 1910, cette part avait diminué à peu près de moitié et se réduisait à 35 %. Par contre le chiffre de l'Allemagne passait pendant la même période de 6 % à 21 %, et celui de l'Italie de 3 % à 12 %. On voit donc que l'Angleterre se voit menacée sérieusement de perdre la première place qu'elle occupait depuis si longtemps parmi les clients de la Turquie.

Un auteur allemand disait notamment à ce propos : « Le soleil ne brûle pas seulement pour les Anglais. »

Mais, de toute la Turquie, c'est l'Arabie, la Mésopotamie et le Golfe Persique qui intéressent au plus haut point le commerce anglais. Les Anglais se sont installés dans ces régions depuis un siècle à peu près, c'est-à-dire vers 1801, quand ils établirent un consulat à Bagdad; la conquête pacifique commença en 1834, après le Traité russo-anglais qui garantissait l'intégrité de la Perse. Depuis lors l'Angleterre n'a pas cessé de développer constamment son influence économique et elle s'est emparée de tout le commerce du Golfe Persique et du sud de la Perse.

Afin de rester maîtresse dans le sud de la Mésopotamie et de la Babylonie, l'Angleterre a demandé une concession pour la navigation sur le Tigre et l'Euphrate, et en 1830, celle-ci a été accordée à une firme anglaise « Lynch

Brothers », qui a fondé la société actuelle « Lynch et C° », dont les bateaux assurent un service entre Bagdad et Basorah. Pendant longtemps cette compagnie anglaise a été seule concessionnaire des services de navigation et elle pouvait établir les tarifs à son gré. Mais en 1882 se constitua une compagnie ottomane « Hamidié » à laquelle la compagnie anglaise fit une concurrence acharnée, à tel point qu'en 1909, à l'expiration de la concession de la Compagnie Lynch, la Turquie n'était plus du tout disposée à prolonger sa concession et c'est alors que les députés de la Mésopotamie à la Chambre ottomane, demandèrent au Gouvernement de fonder une société ottomane puissante pour reprendre les affaires de la compagnie anglaise. Mais la diplomatie anglaise intervint auprès de la Sublime Porte et elle obtint la prolongation de la concession pour un délai de 75 ans avec faculté de réméré par le Gouvernement turc.

Dans le Golfe Persique ce sont également les navires anglais qui détiennent pour ainsi dire un monopole des transports. Ainsi sur 162 bateaux entrés en 1912 dans le Chatt-El-Arab jusqu'à Bassorah, 146 sont anglais. Sur les sept compagnies de navigation dont les bateaux touchent les ports du Golfe Persique, cinq sont anglaises, une russe et une allemande.

Aussi, tout le commerce du Golfe est aux mains des Anglais, et l'influence britannique est telle que le commerce persan du sud ne connait pas d'autres articles que ceux de l'Angleterre.

Ainsi, sur un total d'importations persanes de 222,936,496 krans, l'Angleterre à elle seule intervient pour 189,665,159 krans, soit 85 %; autant dire qu'elle a le monopole du commerce persan.

Le même fait se produit dans le mouvement maritime des ports persans. En 1909, le nombre de vapeurs entrés dans ces ports a été de 1,025, d'un tonnage de 1,327,318 tonnes. De ceux-ci 940 étaient anglais avec un tonnage de

1,142,997 tonnes. Ici donc, aucun commerce ne peut nuire aux intérêts anglais et les efforts faits par les Allemands pour s'emparer du commerce du sud de la Perse, sont restés jusqu'à présent stériles.

Afin de donner un libre essor au développement économique de la Perse soumise à leur influence, les Anglais devaient écarter tous les obstacles au commerce avec la Basse-Mésopotamie, c'est-à-dire avec la région qui s'étend de Bagdad jusqu'au Golfe Persique, région la plus voisine de la zone d'influence anglaise. Ils devaient d'autre part rester maîtres uniques dans l'Arabie.

Par la renonciation des Allemands au tronçon Bagdad-Golfe Persique, les Anglais restent à l'abri de la concurrence économique allemande. D'un autre côté, ils espèrent coloniser cette région à l'aide de colons indiens et y développer la culture du coton. Une fois cette province colonisée par les Indiens, les Anglais rétabliront leur ancien projet, consistant à relier Alexandrie (Egypte) à travers l'Arabie avec le Golfe Persique, et à constituer par là un lien plus fort entre les civilisations indienne, égyptienne, arabe et persane. Cette ligne mettra en communication rapide la Méditerranée avec l'Inde et servira de contrepoids à la ligne de Bagdad.

4. — *La France.*

La vie économique de l'Empire ottoman est intimement liée à celle de la France dont les capitaux se sont les premiers dirigés vers la Turquie. Aujourd'hui encore c'est à elle qu'on s'adresse le plus souvent, lorsqu'il s'agit d'exécuter de grands travaux d'utilité publique. Seulement, quoique les capitaux français soient toujours demandés, ce n'est pas l'industrie française qui profite des commandes. De toutes les puissances européennes, la France a engagé le plus de capitaux en Turquie ; ceux-ci se chiffre à plus de 2 1/2 milliards de francs employés dans la Dette publique et dans toutes espèces de travaux publics, industrie, commerce, etc.

Depuis le XVIIᵉ siècle, la France avait été le principal fournisseur de la Turquie et à peu près son unique acheteur. L'Angleterre vint ensuite pour lui disputer la clientèle turque. Elle parvint à s'accaparer d'un certain nombre de gros articles et jusqu'à l'apparition de l'Allemagne en Turquie, le commerce de l'Empire ottoman fut partagé entre ces deux puissances.

Mais depuis quelques années, le commerce français en Turquie est battu fortement en brèche par les Allemands. Ainsi les importations françaises qui, en 1887, occupaient encore la première place avec 18 %, se sont abaissées progressivement chaque année pour arriver en 1910 à la cinquième place avec 11 % du total des importations ottomanes. Ce fait a été constaté dans toutes les provinces de la Turquie et surtout en Asie Mineure, où les rapports consulaires ont maintes fois demandé aux commerçants français d'imiter leurs collègues allemands, dans les transactions commerciales avec le Levant, car ils couraient le risque de perdre totalement leur clientèle. Partout où les Allemands se sont installés, le commerce français est repoussé et dans un rapport du consul de France à Mersina nous trouvons à ce sujet des révélations très intéressantes.

« La France perd chaque année dans l'importation et l'exportation. Le commerce français dans les provinces d'Adana et d'Alep, a perdu presque toute son importance ; il ne reste qu'une part qu'on peut à peine qualifier de minuscule (1). »

Le même rapport dit qu'il y a douze ans la France était la première pour le commerce général de ce pays ; à présent elle n'occupe que la huitième place et risque encore de perdre tout son commerce avec cette province.

____

(1) *Rapport consulaire*, 1904.

En Mésopotamie, le même fait se présente. Il y a une quinzaine d'années le commerce français occupait la deuxième place; aujourd'hui il détient encore la quatrième place mais court le risque d'être évincé complètement. La France n'a pas même un service régulier entre ses ports et ceux de Golfe Persique. Marseille était autrefois le fournisseur de sucre de toute la Mésopotamie; depuis l'apparition des Allemands c'est le sucre allemand et le sucre belge exporté par Anvers qui ont remplacé les produits français.

A plusieurs reprises les orientalistes français se sont aperçus de cette diminution du commerce français en Orient et y ont attiré l'attention du Gouvernement afin qu'il prit des mesures de nature à donner un plus grand essor au commerce français du Levant.

M. René Pinon, un des orientalistes français les plus distingués, écrivait dans la *Revue des Deux Mondes* (1) :

« Si notre position est menacée, ce n'est pas une raison pour déserter mais bien pour la défendre avec plus d'énergie. Sans doute, le temps n'est plus où, pour naviguer et commercer dans les Echelles du Levant il fallait arborer le pavillon de l'empereur de France, mais sur le terrain de la libre concurrence économique et politique, nous sommes assez forts et assez riches pour batailler et garder notre place. »

Les Chambres de Commerce françaises ont préconisé d'établir des services maritimes réguliers entre les ports de France et ceux du Golfe Persique et de la Méditerranée, comme l'ont fait les Allemands et, de plus, d'envoyer en Asie Mineure des voyageurs de commerce avec des articles français.

En ce qui concerne l'intérêt économique de la France dans l'entreprise de Bagdad, on peut affirmer, quoique les Français ne soient pas de cet avis, que sa participation est

____

(1) 1907, p. 374.

nuisible à l'influence et au commerce français. Nous avons vu qu'au point de vue politique la France a perdu dans cette entreprise; il en sera de même au point de vue commercial.

Les Allemands étant maîtres de la tête de la ligne à Haïdar-Pacha, et de la voie jusqu'à Bagdad, maîtres également des ports de Mersina et d'Alexandrette par où peuvent sortir et entrer les marchandises faisant l'objet du commerce extérieur, il est évident qu'ils barrent partout le chemin des Français. Du côté du sud de la ligne, c'est-à-dire au terminus, au Golfe Persique, ce sont les Anglais qui sont les maîtres absolus et comme la France n'a même pas de service maritime régulier, les commerçants français trouvent ici encore porte close.

Ainsi donc, les Français verront probablement un jour leur commerce avec l'hinterland de la ligne de Bagdad disparaître au profit des Allemands qui s'y installeront. Il ne reste pour eux que le port de Smyrne pour entrer en Anatolie et les ports de Syrie pour arriver jusqu'à Bagdad. Mais comme les lignes françaises de ces régions touchent aux lignes allemandes d'Anatolie et de Bagdad, ces dernières ont établi des tarifs tels que les marchandises françaises destinées à l'intérieur du pays ne peuvent les supporter. Et pour l'exportation vers l'Europe ces compagnies pratiquent encore la même politique des tarifs. Ainsi donc, le commerce français sera condamné à se restreindre à la Syrie et au port de Smyrne.

Mais ce qui est déplorable dans cette politique française en Orient c'est que l'épargne française a fourni les plus gros capitaux employés dans la construction des lignes ferrées allemandes en Asie Mineure et, malgré les huit membres français siégeant dans le conseil d'administration de la Compagnie du Chemin de fer de Bagdad, c'est de l'Allemagne qué viennent tous les matériaux nécessaires à la construction et à l'exploitation de la ligne et ce sont surtout des ingénieurs allemands qui y sont occupés.

Les Français commencent à regretter de n'avoir pu tirer plus d'avantages de leurs placements de capitaux en Orient, mais il est maintenant trop tard pour rattraper ce qu'on a perdu autrefois.

5. — *La Russie.*

Jusqu'en 1907, date de l'accord entre l'Angleterre et la Russie, celle-ci avait nourri l'idée d'obtenir une sortie sur le Golfe Persique par la voie de Bagdad-Golfe Persique, en s'emparant d'un des ports persans sur ce golfe. Mais par l'accord de 1907, l'Angleterre devenant maîtresse de la Perse du Sud et de tous les ports du littoral persan, la Russie s'est vue obligée de chercher du côté de Bagdad et de Bassorah un débouché sur la mer libre. Elle se heurtait ici à un nouvel obstacle.

L'Allemagne voulait, elle aussi, se créer une voie vers le Golfe-Persique, et la Russie s'est trouvée obligée de conclure l'accord de Potsdam en 1911 par lequel elle déclarait se désintéresser totalement du chemin de fer de Bagdad.

Par cet accord la Russie a entièrement renoncé à obtenir une sortie sur la Méditerranée, au port d'Alexandrette, en descendant du Caucase par l'Arménie. Elle se réservait une autre voie allant de la frontière persane par Bagdad et Bassorah au Golfe Persique, et c'est dans ce but qu'elle s'engagea à construire le chemin de fer de Téhéran à la frontière turco-persane, appelé à être relié au nord de la Perse au réseau ferré même du Caucase.

Mais, l'intention de la Russie a toujours été d'avoir une ligne à elle, sans aucune intervention étrangère, parce que son industrie et son commerce en voie de développement ne sauraient supporter une concurrence favorisée par les tarifs différentiels que les Allemands pourraient, le cas échéant, appliquer sur leur ligne.

C'est de là qu'est née en Russie l'idée de construire une ligne partant de la frontière russo-persane nord, passant par Téhéran, traversant toute la Perse et aboutissant à un port du littoral persan à déterminer. Cette ligne donnera aux Russes, d'accord avec les Anglais, une libre sortie vers la mer et de cette façon ils éviteront le passage par Bagdad et Bassorah.

Si cette ligne, connue sous le nom de « Transpersan », est construite, il est probable qu'elle détournera une grande partie du trafic persan qui, jusqu'à présent, prenait la voie se dirigeant par Kermanchah-Bagdad et le Golfe Persique.

d) Le commerce international et la ligne de Bagdad.

L'exposé que nous venons de faire de l'état économique de l'hinterland de la ligne de Bagdad et de l'influence de cette ligne sur le développement général de cet hinterland, constitue plutôt une étude au point de vue du commerce intérieur, mais comme la nouvelle ligne jouera un rôle important dans *le commerce international*, il est utile d'en dire également quelques mots.

Aujourd'hui, la route du canal de Suez est la plus généralement employée dans les transactions entre l'Europe, l'Extrème Orient et les Indes. C'est par cette voie que se dirigent la malle des Indes et une grande partie des marchandises destinées à l'Extrème Orient et à l'Europe. Ce commerce considérable a été la cause de l'énorme progrès de la Compagnie de Suez dont les actions donnent plus de 20 % de dividende et atteignent un prix si élevé en bourse qu'elles ont disparu pour ainsi dire des marchés financiers.

Le trajet de Londres à Bombay, par le canal de Suez, dure seize jours et exige une traversée assez fatigante de la Mer Rouge. Quand la ligne de Bagdad et le tronçon Bagdad-Golfe Persique seront construits, le trajet de Londres à Bombay pourra s'accomplir en dix ou onze jours, ce qui représentera un gain de temps de cinq jours environ. Il est donc évident que les 250 à 300,000 voyageurs qui prennent actuellement la voie de Suez pour l'Extrême-Orient préféreront la route Londres-Constantinople-Golfe Persique et l'Extrême Orient.

Mais si un important trafic de voyageurs parait assuré à la ligne, il faut être plus réservé en ce qui concerne les marchandises ; il est certain que les marchandises de grand poids préféreront la voie par mer, moins coûteuse que celle par terre. Mais les marchandises susceptibles de supporter un prix de transport plus élevé, prendront plutôt la voie ferrée Bagdad-Golfe Persique afin d'arriver plus vite à destination

Il est extrêmement difficile d'établir le chiffre des marchandises, passant aujourd'hui par le canal de Suez, qui prendront dans la suite la voie de Bagdad, étant donné que les statistiques ne nous fournissent pas les détails nécessaires. Quoi qu'il en soit, on peut d'ores et déjà affirmer que ce trafic augmentera d'année en année au fur et à mesure que la ligne de Bagdad sera en état d'appliquer aux marchandises du commerce international, des tarifs se rapprochant davantage de ceux de la Compagnie du Canal de Suez.

D'autre part, le trajet des voyageurs et des marchandises entre Bassorah et l'Europe, qui prend actuellement vingt jours (Londres-Bassorah par Suez), se fera en quatre jours, et même moins après la construction de la ligne, si on arrive à la vitesse de 75 kilomètres à l'heure; de même, le voyage de Port-Saïd à Bassorah et Bagdad, qui dure à présent quinze jours, ne prendra plus que deux jours par la ligne de Smyrne et d'Alep à Bagdad et Bassorah.

On peut donc, semble-t-il, affirmer que cette ligne stimulera les relations économiques entre l'Occident et l'Orient, et accomplira en même temps une œuvre de civilisation et de progrès.

La facilité et la commodité du voyage entre l'Europe

et l'Extrême-Orient ne pourra que rendre plus étroites
les relations entre ces pays et il en résultera un mouvement économique plus intense dont le chemin de fer de
Bagdad sera le premier bénéficiaire.

QUATRIÈME PARTIE

Le chemin de fer de Bagdad au point de vue financier.

—

a) Constitution financière de la Compagnie.

La constitution financière de la Compagnie du chemin de fer de Bagdad offre un intérêt tout spécial, en ce sens qu'elle nous révèle l'habileté des combinaisons financières auxquelles recourent les financiers de notre époque.

Par son aspect extérieur, c'est une société ottomane qui recourt au crédit de l'Etat turc, pour obtenir les capitaux qui lui sont nécessaires pour la construction de la ligne ferrée, mais en réalité c'est une société allemande qui a, avant tout, pour but de servir à l'expansion économique de l'Allemagne en Asie Mineure.

L'ingéniosité de la combinaison financière adoptée, et les garanties que la Compagnie a su faire accorder aux capitaux engagés, montrent assez la très haute compétence financière en même temps que la grande sollicitude pour le développement et l'expansion économique de l'Allemagne à l'étranger de la Deutsche Bank, fondatrice de l'entreprise, et tout particulièrement de son ancien président, le D^r von Siemens et du directeur général actuel M. von Gwinner.

Dans la convention par laquelle a été accordée la concession de construction et d'exploitation de ce railway nous ne trouvons aucune trace de la combinaison financière qui est résultée de cette convention et qui lui donne une allure d'entreprise privée subventionnée par l'Etat.

Afin d'encourager le développement général du pays et d'attirer les capitaux étrangers nécessaires à l'établissement de lignes ferrées en Turquie, le Gouvernement ottoman avait adopté, dès 1856, début de l'établissement des chemins de fer dans l'Empire, le système des garanties kilométriques accordées aux compagnies privées. Il consistait à assurer une certaine somme de recettes kilométriques, nécessaire pour le service de l'amortissement de la ligne et pour la distribution d'un dividende, correspondant au taux des dividendes des autres compagnies industrielles et commerciales fonctionnant en Turquie. C'était là une charge bien lourde pour les finances si précaires de la Sublime Porte, mais nul autre moyen ne pouvait attirer les capitaux étrangers nécessaires à la construction du réseau ferré. Le système s'élargit à partir de 1888, année où fut fondée la Compagnie allemande du chemin de fer d'Anatolie, qui demanda et obtint du Gouvernement turc que les revenus payés pour la garantie kilométrique, fussent perçus par les soins de l'Administration de la Dette publique ottomane. Cette administration ottomane, bien organisée, inspirait beaucoup plus de confiance que le Ministère des Finances turc qui n'en inspirait pas du tout.

En ce qui concerne le chemin de fer de Bagdad, la convention stipulait en effet une garantie kilométrique de 12,000 francs plus 4,500 francs de frais d'exploitation, ce qui fait un total de 16,500 francs par kilomètre et par an, dont le paiement devait être assuré par l'excédent des dîmes accordées à la Compagnie des Chemins de fer d'Anatolie.

C'est sur cette base que se constitua à Berlin, en 1903, la Compagnie du chemin de fer de Bagdad, au capital-actions de 15,000,000 de francs, dont la première moitié fut versée immédiatement et le reste au mois d'août 1911.

Les 30,000 actions représentant ces 15 millions furent souscrites à raison de 3,000 par le Gouvernement ottoman, de 3,000 par la Société allemande du chemin de fer d'Anatolie et de 24,000 par un groupe financier interna-

tional. Quant au capital obligation qui pour la première
section Konia-Boulgourlou s'élevait déjà à plus de 60 millions, la Compagnie s'est trouvée dans un certain embar-
ras pour le réunir. Le marché allemand était en 1903
inondé du papier des industries nationales ; aussi les financiers de la Deutsche Bank durent-ils recourir à la finance
française.

En 1899 déjà, ainsi que nous l'avons vu précédemment
les délégués de cette banque étaient venus à Paris pour se
concerter avec les délégués de la Banque ottomane et de la
société française du chemin de fer Smyrne-Cassaba, et il
avait été convenu que 40 % des actions seraient souscrites par les Allemands. Mais, comme le Gouvernement
français refusait de donner son autorisation pour l'admis-
sion à la cote de la bourse et comme la concession de
1903 était accordée aux Allemands seuls, les Français se
retirèrent officiellement de l'affaire. Néanmoins les financiers de Berlin, qui entretenaient des relations d'affaires
avec des banquiers français, réussirent à placer les titres
en France, non seulement pour 40 % mais pour une
fraction bien supérieure, grâce à des procédés propres
aux habiles financiers d'aujourd'hui. Et il semble que
M. Eugène Etienne avait pleinement raison quand il disait
à la Chambre française le 21 janvier 1912 :

« Il est incontestable que l'Allemagne n'est pas en état
de fournir le capital total, c'est l'épargne française qui va
intervenir largement ; on nous dit que nous avons à fournir 40 %, je suis convaincu que ce sera 80 %. »

En ce qui concerne le capital-obligation, les financiers
français et allemands cherchaient des garanties spéciales
avant d'engager des capitaux aussi considérables que ceux
qui leur étaient demandés pour la construction de la ligne,
et qui, d'après un calcul préalable, dépasseraient un demi
milliard. De plus l'avenir de la ligne inspirait certains
doutes aux financiers français ; aussi exigèrent-ils que les
titres fussent émis par l'Etat turc ; celui-ci devait donner

en gages certains revenus, pour assurer le paiement des intérêts et de l'amortissement des titres.

Il est bien vrai que la ligne jouissait d'une garantie kilomètrique de 16,500 francs qui pouvait correspondre à un taux d'environ 4 % du capital engagé, mais le Gouvernement turc ne pouvait trouver des revenus sérieux à affecter aux garanties promises. A maintes reprises, à partir du commencement de l'année 1903, les Allemands demandèrent au Gouvernement turc de remplir ses obligations envers la Compagnie et de lui verser les fonds promis, faute de quoi elle ne pourrait entreprendre les travaux. Mais la Sublime Porte resta muette à ces sollicitations.

C'est alors que la Compagnie proposa au Gouvernement une nouvelle combinaison consistant en la construction de la ligne aux frais de l'Etat. D'après ce projet allemand la Porte devait, pour la construction de dix sections de 200 kilomètres chacune, fournir à la Compagnie des titres d'une valeur nominale de 540 millions de francs. Ces titres, une fois le taux de l'émission convenu, devaient être placés par les soins de la société au fur et à mesure des besoins de la construction.

La dite société *ne devait jamais être tenue de débourser quoi que ce fût pour cette construction.*

La Turquie n'accepta pas immédiatement ces conditions si onéreuses pour elle, mais la diplomatie allemande intervint et voici dans quels termes l'accord fut conclu.

« La Porte fournira immédiatement à la Société 54 millions de francs de titres (valeur nominale). Le produit de ces titres sera exclusivement affecté à la construction de la première section, c'est-à-dire de Konia à Boulgourlou. Le taux a été fixé à 4 % et le délai de nonante-huit ans avec un amortissement de 0.08713 % exigeant 2,207,270 francs par an. Cet intérêt et cet amortissement exigeront un service annuel de 11.036 francs par kilomètre. Cette somme sera payée par les bonis laissés par les affectations couvrant la garantie kilométrique de la ligne Ismidt-Angora.

» Les 4,500 francs de frais d'exploitation seront également payés par ce même boni.

» En vertu de cet accord la société, après avoir construit la première section avec l'argent produit par l'émission des titres, touchera les 11,036 francs par kilomètre qu'exige le service de ces titres dont elle distribuera elle-même le montant aux détenteurs. Elle gardera en outre pour elle les 4,500 francs par kilomètre pour les frais d'exploitation (1). »

Par cette participation de l'Etat turc à la constitution du capital de la Compagnie du railway de Bagdad, cette Compagnie, tout en restant privée, acquit un caractère public ottoman, étant donné qu'elle jouit de subventions aussi considérables. La compagnie prit alors le nom de : *Société Impériale Ottomane du Chemin de fer de Bagdad*, qui n'est, au fond, qu'une simple société anonyme dont le capital (actions et obligations) a été placé par des financiers allemands. La société est gérée par eux et le personnel est entièrement allemand.

La Compagnie émet donc, au lieu d'obligations, des titres de l'Emprunt-Bagdad que l'Etat turc lui remet en guise de subvention et cela jusqu'à concurrence de la somme nécessaire à la construction de toute la ligne. Ce qui lui donne un caractère public c'est que ces obligations ne sont pas amorties par les soins et les ressources de la Compagnie mais bien par les revenus concédés par l'Etat, ce qui n'est pas le cas pour d'autres compagnies étrangères qui fonctionnent en Turquie.

En compensation des sacrifices que l'Etat turc doit supporter pour cette ligne il sera substitué à l'expiration de la concession à tous les droits de la Société concessionnaire sur le chemin de fer et ses dépendances ainsi que sur le matériel, et entrera en jouissance des produits y afférant (art. 20 de la Convention).

---

(1) André Chéradame. *Le chemin de fer de Bagdad*, p. 200.

Une fois la première section de Konia-Boulgourlou terminée en 1905, la même question se posa pour la deuxième et la troisième section aboutissant à Tel-Hélif ; pour ce tronçon d'une longueur de 840 kilomètres il fallait émettre encore les titres d'Emprunt-Bagdad nécessaires à la construction. Mais comme les revenus concédés antérieurement à l'emprunt de 54 millions ne produisent pas des ressources suffisantes pour constituer les gages d'un emprunt supérieur à celui de 54 millions, il fallait trouver d'autres moyens pour assurer aux prêteurs les garanties d'intérêt et d'amortissement.

Comme le Gouvernement turc disposait de 75 % des excédents des revenus gérés par l'Administration de la Dette publique ottomane, la Compagnie de Bagdad intervint auprès de la Porte pour qu'elle accordât ces excédents comme gages pour les emprunts à émettre. Elle réussit dans ses démarches et le 23 mars 1908, la Sublime Porte attribuait à la Compagnie de Bagdad pour le service de titres à émettre, la part des revenus qui lui revenait dans les excédents de la Dette publique ottomane. Cette ressource permit de fournir les garanties pour les deux emprunts dont le premier de 108 millions de francs fut émis à Bruxelles le 24 juillet 1910. Il comportait 162,000 obligations de 500 francs et 10,800 obligations de 2,500 fr. 4 %, remboursables à partir du 2 janvier 1908, en 97 1/2 années au plus. Il représentait donc la subvention kilométrique accordée par l'Etat ottoman pour le deuxième tronçon du chemin de fer de Bagdad, 840 kilomètres partant de Boulgourlou pour aboutir à Tel-Hélif. Les titres de l'autre emprunt de 119 millions de francs se trouvent encore à la disposition de la Compagnie qui en usera au fur et à mesure de ses besoins.

Les excédents des revenus de la Dette donnés en garantie s'élevaient en 1910 à 480,000 livres turques, dont 200,000 livres ont été affectées à l'emprunt de 108 millions de francs, qui exige en tout 4,414,541 francs pour son service d'amortissement et d'intérêt.

« En définitive, les emprunts contractés pour la construction du chemin de fer de Bagdad sont payés sur les 75 % des revenus qui dépassent. la somme nécessaire (environ 50 millions de francs) pour payer les annuités dont est chargé le service de la Dette. C'est ainsi que la Turquie a procédé jusqu'à présent. Si l'on songe combien sa situation financière est embarrassée, on imagine aisément que ce système ne pourra guère fonctionner longtemps (1). »

En effet, ceux qui connaissent la situation précaire des finances turques, se demandent où la Porte trouvera les centaines de millions nécessaires à l'achèvement du railway de Bagdad, si ce système continue à être appliqué. Jusqu'à présent l'Etat turc a engagé dans cette entreprise plus de 281 millions de francs ; il a engagé tous ses revenus disponibles, si nécessaires à sa vie économique et politique, et l'on peut se demander où il cherchera encore les 400 à 450 millions de francs nécessaires à l'achèvement de la ligne jusqu'au Golfe Persique ?

Il est à espérer que le nouveau régime instauré en Turquie, qui a dû respecter les engagements pris par l'ancien Gouvernement d'Abdul-Hamid, se rendra compte en temps des charges énormes qui pèseront sur l'Etat turc s'il adopte le même système financier pour la construction du tronçon au-delà de Bagdad.

. .

Il est presqu'impossible d'établir la part des fonds allemands et français investis dans cette entreprise, d'allure ottomane mais au fond allemande, à cause des difficultés qu'on rencontre toujours lorsqu'on désire connaître les opérations intimes des financiers d'aujourd'hui.

---

(1) Dubief (ancien Ministre en France) : *Revue économique Internationale,* avril 1912, p. 36-37.

Une grande difficulté résulte du fait que les titres de la Compagnie de Bagdad ne sont pas cotés officiellement aux Bourses de Paris et de Londres, et de ce qu'ils sont placés en dehors de la Bourse par les affiliés de la Deutsche Bank à Paris, à Londres et à Bruxelles.

Quoi qu'il en soit, la majorité des administrateurs étant Allemands, cette entreprise reste sous leur influence et ce sont eux qui se chargent du placement des titres de l'emprunt Bagdad que le Gouvernement turc leur remet. C'est ainsi que les Allemands ont réussi à constituer une puissante société qui servira à leur industrie et à leur expansion en Turquie. Au fond ils ont engagé un capital relativement minime de 15 millions de francs et sont parvenus à décider l'Etat turc à leur accorder les ressources qu'ils auraient difficilement trouvées s'ils n'avaient eu les gages que leur a affectés la Sublime Porte.

Le directeur de la Deutsche Bank, qui a déclaré, au cours d'une conférence donnée à ce sujet à Berlin, en décembre 1911, devant l'Empereur et d'après son désir, que cette entreprise est entièrement ottomane et pas allemande, a dû décidément commettre une erreur devant ceux qui ont étudié de près cette question, car il suffit de jeter un coup d'œil sur le rapport de la Société, dressé d'abord en allemand et après en français (mais pas en turc), pour se rendre compte que le Gouvernement ottoman, dont les intérêts dans cette société sont si considérables, n'a pas même son commissaire au sein du Conseil d'administration, et qu'il laisse ainsi des millions entre les mains d'hommes qui ne considèrent que leurs propres intérêts. C'est en agissant de la sorte et en protégeant de cette manière les intérêts de la Nation que la Turquie est arrivée à l'état déplorable dans lequel elle se trouve aujourd'hui.

Perditio tua ex te Israël !

b) **Rendement financier de la ligne.**

La question du rendement financier du railway de Bagdad a tout particulièrement intéressé les hommes d'affaires européens, et ceux qui se sont occupés de cette entreprise ont émis les opinions les plus divergentes.

Afin de donner approximativement une idée des résultats futurs il faut étudier les éléments qui feront l'objet du trafic de la ligne, quoique cette tâche soit des plus ardues, par suite des difficultés qu'on rencontre quand on veut étudier de façon approfondie l'hinterland de la ligne.

Au point de vue national, la ligne servira de voie de transit aux produits des grandes provinces de Mossoul, de Diarbékir, d'Alep, d'Adana, de Bagdad et de Bassorah, soit pour l'échange de leurs produits, soit pour leurs relations avec l'étranger. C'est par cette ligne que les produits du pays seront dirigés vers les ports d'Alexandrette, de Bassorah et de là vers l'Europe et l'Inde ; c'est par cette ligne aussi qu'on importera tous les articles étrangers faisant l'objet du commerce extérieur vers l'intérieur du pays. Etablir d'une façon assez précise la quantité de marchandises susceptible d'alimenter le trafic d'importation et d'exportation est chose extrêmement difficile car la statistique turque est insuffisante. Force est donc de se livrer à des estimations approximatives.

Si l'on considère l'état primitif de la culture pratiquée dans toute l'étendue du pays, on peut évaluer à 142,000 tonnes environ la quantité de produits tirés du sol et exportés actuellement de ces régions. Les importations sont estimées approximativement à 775,000 tonnes, ce qui fait un total de 917,000 tonnes (1). Etablir quelle sera la partie de cette somme qui fera l'objet du trafic

---

(1) En l'absence des statistiques officielles nous nous sommes servis des rapports des différents consulats établis dans le pays.

de la ligne est chose impossible ou du moins arbitraire. Mais il est un fait qui parait bien certain, c'est que la ligne trouvera dès le début un trafic suffisant pour couvrir les frais d'exploitation, étant donné que le service de la dette-obligation est fait par le Gouvernement ottoman.

Et cette opinion, que la Compagnie sera capable de couvrir les frais d'exploitation par ses propres recettes, sans devoir recourir à la garantie de l'Etat qui, comme nous l'avons dit, s'élève à 4,500 francs par kilomètre, est encore confirmée par les rapports de la Compagnie de Bagdad elle-même. Depuis 1903, début de l'exploitation, les recettes kilométriques n'ont pas cessé de progresser. De 1,868 fr. par kilomètre en 1905, elles ont passé à 3,374 francs en 1911, ce qui correspond à une augmentation de 1,506 fr. dans un intervalle de cinq ans. En 1912 les recettes kilométriques ont atteint la somme de fr. 5,315-67, supérieure comme on voit à la garantie kilométrique qui est de 4,500 francs et le Gouvernement ottoman a touché du chef de cette augmentation la somme de fr. 278,785-25. C'est là un résultat plus que satisfaisant et qui ne manquera pas de s'améliorer encore dans un avenir prochain.

La ligne aura également, ainsi que nous l'avons déjà signalé, une portée très considérable au point de vue de l'essor du pays, en ce sens qu'elle permettra de promouvoir une culture plus rationnelle du sol et de mettre en valeur tous ces territoires qui sont restés si longtemps isolés du reste du monde. Ce développement exigera, il est vrai, un temps assez long, mais les résultats finiront bien un jour par s'affirmer comme cela s'est déjà produit pour la ligne d'Anatolie.

La Compagnie d'Anatolie jouit aussi de garanties kilométriques de fr. 14,252-83 sur la ligne Haïdar-Pacha-Angora et de fr. 13,727-27 sur la ligne Eski-Cheir-Konia. Ses recettes, qui au début de 1896 étaient de fr. 7,242-15 par kilomètre et par an, ont atteint fr. 9,136-15 en 1900 et 13,235 francs en 1910, soit presque le chiffre de la garantie, et il est plus que certain qu'avant deux ou trois ans elles atteindront la somme de fr. 14,252-83. En supposant que la ligne d'Anatolie atteigne le maximum de la garantie, c'est-à-dire fr. 14,252-83, en 1915, il aura fallu vingt ans environ pour arriver à ce résultat.

La cause de l'accroissement des recettes de cette ligne réside dans le développement de l'agriculture qui lui procure un trafic annuel de plus de 150,000 tonnes de céréales; ce résultat est dû en grande partie à l'activité de la Compagnie elle-même, qui a fondé un service spécial attaché à la direction générale qui s'occupe exclusivement de l'étude des mesures à prendre pour favoriser le développement de l'agriculture dans les régions traversées par le chemin de fer. Les différentes stations agricoles que nous avons indiquées dans la partie économique de notre étude ont déployé des efforts considérables pour introduire la culture rationnelle du sol, et c'est grâce aux efforts de la Compagnie que les quantités de céréales exportés d'Anatolie deviennent chaque année plus importantes.

Cette même politique a été adoptée par la Compagnie de Bagdad qui a adjoint à sa direction, un département agricole. Elle a commencé par irriguer les plaines d'Adana et de Konia qui seront dans peu d'années livrées à l'agriculture et à la culture du coton.

De plus, afin de développer la culture du coton, la Compagnie de Bagdad a pris une participation de 125,000 francs dans la société *Anatolische Industrie und Handels Gesellschafft* de Dresde qui a pour but le développement économique de l'Asie Mineure (1).

En outre la société allemande d'Adana, *Baumwolle-Dampf Gesellschafft*, s'occupe aussi de la culture du coton. Celle-ci a déjà donné des résultats fort beaux. La récolte a atteint 85,000 balles en 1910, tandis qu'en 1905 elle ne donnait encore que 10 à 15,000 balles.

---

(1) *Le rapport de la Compagnie de Bagdad*, Berlin, 1911.

D'autre part, de nombreuses salines qui fournissent un sel de bonne qualité et qui sont exploitées par l'Administration de la Dette publique ottomane, n'attendent qu'une ligne ferrée pour intensifier leur extraction et la diriger vers les pays balkaniques, grands importateurs de sel.

Le sous-sol qui n'est guère encore exploité, mais qui est très riche en minerais, fournira un élément considérable au trafic du chemin de fer ainsi que les riches forêts dont le bois pourrit actuellement sur place faute de moyens de transport.

Le transport des voyageurs par la section exploitée de la ligne de Bagdad donne en ce moment des recettes supérieures à celles du transport des marchandises (390,957-53 francs pour les voyageurs et 340,193-80 pour les marchandises); mais celles-ci augmenteront encore dès que la ligne aura atteint Bagdad, car ce sera par cette voie qu'iront les 250 à 300,000 pélerins venant de la Perse par l'embranchement de Hanekine-Bagdad pour faire leurs dévotions aux tombeaux sacrés de leurs saints à Nedjef et Kerbella, ainsi que ceux, qui par Tell-Habesch, Alep-Damas et la ligne de Hédjas à la Mecque, se rendent à la Mecque et à Médine. Les Arabes de l'Egypte qui se rendent de Port-Saïd en Mésopotamie, prendront également la voie de Damas-Alep et Bagdad-Bassorah qui ne demande en tout que deux ou trois jours de voyage, alors qu'aujourd'hui le voyage à Bassorah par la mer Rouge leur demande quinze jours.

Ce trafic, qui viendra s'ajouter à celui dont nous avons parlé à propos de la production de l'hinterland de la ligne, constituera également un élément important de rendement financier pour le chemin de fer de Bagdad.

———

c) **Politique des tarifs**.

Les tarifs sont établis de manière à attirer tout le commerce vers la ligne d'Anatolie et le port de Haïdar-Pacha car toutes ces lignes et ce port sont des institutions allemandes qui s'entr'aident mutuellement.

Aussi, par le jeu des tarifs, la Compagnie d'Anatolie a-t-elle réussi à détourner nne grande partie du commerce de l'Anatolie qui prenait la voie de Smyrne par la ligne Affioun-Kara-Hissar à Smyrne et qui est dirigée à présent vers Constantinople. Elle a établi d'autre part des tarifs différentiels pour les marchandises allemandes afin de faire une concurrence aux produits étrangers importés dans le pays, et bien que la convention ait strictement défendu ce jeu de tarifs, la Compagnie de Bagdad et celle; d'Anatolie, par les procédés usités par elles, ont réussi à écarter les produits étrangers et à favoriser l'industrie nationale allemande.

Les Anglais se sont rendus compte de ces pratiques et cela a amené l'Ambassadeur anglais à Constantinople, Sir Nicolas O'Conor à faire une enquête à ce sujet, mais M. von Gwinner, directeur de la Deutsche Bank, a affirmé que l'enquête avait été favorable aux Allemands (1). On ne saurait dire jusqu'à quel point ces assertions de M. von Gwinner sont exactes, mais on a constaté que les commerçants français et anglais se plaignent souvent des hauts tarifs établis par la Compagnie de Bagdad.

---

(1) *The Nineteenth Century*, juin 1909, p. 1082.

d) **Les garanties kilométriques et les finances turques.**

En ce qui concerne l'intérêt des actionnaires de la Compagnie on peut affirmer qu'il est largement garanti par les 4,500 francs assurés sur les recettes kilométriques, qui permettent à la Compagnie de maintenir et de distribuer constamment un dividende de 5 % et de se constituer une réserve de 6,061,290 francs sur un capital de 15,000,000 de francs, ce qui fait 40 % du capital engagé. Ces conditions sont évidemment plus que favorables aux actionnaires. Mais au point de vue de l'Etat turc, la charge qui grève ses finances est extrêmement lourde. Il doit, d'une part, combler le déficit qui provient du manque de recettes kilométriques, ce qui à vrai dire n'est pas énorme, mais d'autre part, il a engagé jusqu'à présent 281 millions de francs et sera obligé d'en engager encore 450 à 500 millions pour l'achèvement jusqu'à Bagdad, soit en tout 780 millions qui demanderont un service annuel de 32 millions de francs (intérêt 4 % et amortissement). Si nous ajoutons à cette somme les 235 millions de francs que l'Etat turc sert pour la dette actuelle nous aurons une somme de 267 millions de francs auxquels les finances turques auront à faire face à partir de l'année 1918, date de l'achèvement de la ligne. Cela correspond à peu près à 33 % du total du budget ottoman qui pourra atteindre en 1917 une somme de 800 millions de francs environ. L'augmentation des revenus que la Turquie peut escompter de cette ligne peut être attendue encore longtemps ; c'est ce qui fait dire que la construction du chemin de fer de Bagdad est l'œuvre la plus désastreuse, au point de vue financier, que l'ancien régime ait léguée aux Jeunes Turcs lors de leur arrivée au pouvoir.

L'avenir nous apprendra comment la Turquie pourra s'acquitter de ses obligations et défendre son crédit.

CONCLUSION.

—

Il paraît bien certain que la puissance politique de la Turquie sera considérablement accrue par l'établissement à travers toute l'Asie Mineure et la Mésopotamie d'une ligne qui la mettra en état de faire régner l'ordre dans ces provinces et de faire reconnaître son autorité aux tribus turbulentes du Kurdistan et aux nomades de l'Arabie.

Les facilités qu'elle est appelée à lui procurer pour les manœuvres de ses armées d'Asie Mineure, tantôt vers la frontière russe, tantôt vers la côte de la Mer Noire et de la Méditerranée, sont d'une importance capitale pour l'Empire ottoman.

La nouvelle voie fera également augmenter la richesse économique du pays, et fournira ainsi des revenus nouveaux au fisc turc. De même, elle permettra au pays de se laisser pénétrer plus facilement par la civilisation européenne. Les régions endormies de l'Asie antique se réveilleront au bruit des locomotives et les populations, bien qu'assez indifférentes aux progrès et à la civilisation, seront poussées malgré elles par les nouveaux venus vers une nouvelle vie faite d'activité et de travail. Les vastes plaines de Cilicie, de Mésopotamie et de Babylonie, irriguées par les canaux, redeviendront le grenier du monde et celui qui sera maître de ces régions en retirera certes les plus grands profits.

Mais à côté des avantages que la Turquie peut escompter de ce Transmésopotamien, il faut aussi examiner ceux qu'en espère l'Allemagne, qui de toutes les puissances étrangères, en profitera le plus.

Une fois ce railway terminé, l'Allemagne sera maîtresse de la plus grande partie des lignes ferrées d'Asie Mineure, car sur un ensemble de 3,211 kilomètres exploités aujourd'hui en Asie Mineure (1), 1,327 kilomètres se trouvent déjà dans les mains des Allemands et les nouvelles concessions qu'on est en train d'étudier, comme la ligne de Samsoun-Sivas, Sivas-Kharpout et Erzeroum, seront sans doute également accordées aux Allemands.

De plus, ils se sont emparés des ports de Haïdar-Pacha, de Mersina et d'Alexandrette qui, après Smyrne, seront les plus fréquentés par les bateaux étrangers.

Les Allemands irriguent les plaines de Konia et d'Adana ; ils ont fondé là-bas des sociétés pour le développement de l'agriculture et de la culture du coton, en un mot, ils ont dans leurs mains toute la vie économique de l'Anatolie et des provinces traversées par la ligne de Bagdad.

Si on examine la carte de l'Asie Mineure, on constate aisément que la ligne d'Anatolie, commençant à Haïdar-Pacha, en face de Constantinople, traverse toute l'Anatolie, et, prolongée par la ligne de Bagdad, traverse la Cilicie, la Mésopotamie jusqu'à la Babylonie, comprenant dans son rayon les ports de Mersina et d'Alexandrette.

Avec les embranchements à construire à Marach, à Ourfa, à Diarbékir, et les nouvelles concessions au nord de la ligne dans le centre de l'Anatolie, les Allemands parviendront à accaparer toutes les lignes ferrées les plus importantes de l'Asie Mineure, et il est inutile d'insister sur les avantages énormes qu'ils pourront en tirer le cas échéant.

---

(1) Le chemin de fer de Hedjaz n'est pas compris.

Leur industrie, qui, grâce à des tarifs différentiels, pourra lutter avec succès contre l'industrie française et anglaise, sera l'unique ou presque l'unique fournisseur de toutes ces régions.

Leur commerce et leur navigation ouvriront les ports de Mersina et d'Alexandrette, comme ils ont ouvert celui de Haïdar-Pacha.

La colonisation évolutioniste allemande dans ce pays, viendra accroître cette œuvre de pénétration et lui donner plus d'activité et par conséquent plus de résultats.

Le trust allemand qui se constituera de toutes ces entreprises financières en Asie Mineure, sera une puissance avec laquelle la Sublime Porte devra compter ; ce sera un véritable état dans l'Etat, plus fort ici qu'ailleurs étant données l'infériorité de la Turquie vis-à-vis des pays étrangers et les lois qui régissent les étrangers en Turquie. Il stimulera l'exploitation du sol, la culture du coton, l'extraction du pétrole, pour fournir à l'industrie allemande des matières premières qui, après avoir été transformées dans les usines allemandes, reviendront comme fabricats dans le pays et alimenteront le commerce allemand en Asie Mineure.

Les effets de cette action allemande se sont déjà faits sentir actuellement dans les régions traversées par la voie ferrée. Le Consul allemand à Alep signale notamment dans son rapport que depuis que le chemin de fer est arrivé jusqu'à Alep, la population a utilisé cette voie pour l'introduction de nombreuses machines.

Au cours de ces derniers temps le marché d'Alep est devenu beaucoup plus important pour le placement des moteurs, moulins, pompes, machines agricoles, etc.

Les indigènes commencent à installer des pompes sur les bords de l'Euphrate pour l'irrigation des champs de céréales, et cet usage semble être appelé à s'étendre en Mésopotamie.

En résumé, l'Allemagne s'est si bien installée en Asie

Mineure qu'elle est devenue un élément du concert européen sans lequel aucune question relative à cette partie de l'Empire turc ne pourra être réglée. Et si jamais la question de l'Asie Mineure venait à être mise en discussion devant la diplomatie européenne, c'est à l'Allemagne que reviendrait la première parole. Elle a, tout récemment encore, à l'occasion de l'anniversaire de l'Empereur Guillaume II, le 27 janvier 1913, affirmé, par l'organe de son Ambassadeur à Constantinople le baron Wangenheim, dans un discours à la colonie allemande à Constantinople, son intention de poursuivre fermement la politique qu'elle a inaugurée là-bas :

Aujourd'hui comme dans l'avenir, nul ne pourra mettre un doigt sur l'Anatolie où nous avons des intérêts vitaux.

Ces paroles ont retenti à travers l'Allemagne, et les journaux en ont parlé longuement. Le *Täglische Rundschau* (1) notamment, en communiquant cette nouvelle, a répété à nouveau que l'Asie Mineure doit rester intacte, car sinon l'Allemagne demandera sa part dans le partage, et elle conclut par ces mots : « Ne touchez pas à l'Asie Mineure ! »

C'est la Turquie qui aura finalement à payer les frais de cette politique car, au lieu d'avoir à lutter seulement contre les Russes, les Français et les Anglais, la Sublime Porte s'est constituée, par la maladresse de ses dirigeants, un ennemi de plus, qui est peut-être le plus redoutable de tous !

.   .

Nous croyons maintenant avoir fait ressortir suffisamment la rapidité avec laquelle s'est effectuée la pénétration allemande en Asie Mineure. Elle nous fournit un exemple des plus suggestifs de l'âpreté avec laquelle se

---

(1) 21 janvier 1913,

poursuit aujourd'hui la lutte économique entre les grandes nations industrielles pour s'assurer de nouveaux débouchés. Elle nous montre également, combien la domination politique d'une puissance sur un territoire est peu nécessaire pour y développer son commerce, et elle permet d'espérer que le temps n'est plus lointain où la nécessité des conflits armés aura disparu, les avantages qu'ils procurent au vainqueur ne compensant plus les désastres et les ruines qu'ils occasionnent.

ANNEXES

—

CONVENTION

RELATIVE A

l'Extension des lignes d'Anatolie jusqu'au Golfe Persique

———

Entre S. E. Zihni pacha, ministre du commerce et des travaux publics, agissant au nom et pour le compte du gouvernement impérial ottoman, d'une part ;

Et M. le Dr Türk Zander, directeur général de la société du chemin de fer impérial ottoman d'Anatolie, agissant pour cette dernière, d'autre part,

Il a été arrêté ce qui suit :

ARTICLE PREMIER. — Le gouvernement impérial accorde à ladite société du chemin de fer d'Anatolie la concession de la construction et de l'exploitation d'une ligne partant de Konia et aboutissant à Bassorah, en passant par ou le plus près possible des villes de : Eregli, Adana, Hamidié, Bagché, Cazanali, Killis, Tel Habech, Haran, Razzelaïn, Halet, Missibine, Tel-Avenat, Mossoul, Tekrit, Sadidjé, Bagdad, Kerbela, Nadjef, Zobeir et Bassorah, ainsi que les embranchements suivants :

1° De Hamidié à Castabol ;

2° De Tel Habesch à Alep ;

3° D'un point à fixer, d'un commun accord, sur la ligne principale à Ourfa ;

4° De Sadidjé à Hanekine ;

5° De Zobeir à un point à déterminer sur le Golfe Persique.

Toutes les dépendances de la ligne principale et les embranchements sont également concédés à la société du chemin de fer d'Anatolie.

La société ne recevra du gouvernement impérial aucune garantie kilométrique du chef de la construction et de l'exploitation de l'embranchement d'Ourfa (d'une étendue de 30 kilomètres environ), mais les recettes brutes de toute nature de cet embranchement appartiendront exclusivement à la société.

Art. 2. — La durée de la concession sera de quatre-vingt-dix-neuf ans, prenant cours à la date de la remise du firman et de l'échange de la présente convention.

Cette durée de quatre-vingt-dix-neuf ans s'appliquera à tout le réseau d'Anatolie ancien et nouveau, c'est-à-dire que les lignes déjà exploitées de Haïdar-Pacha-Angora et d'Eski-Chéhir-Konia n'arriveront au terme de leur concession qu'en même temps que le nouveau réseau faisant l'objet de la présente convention.

Art. 3. — La ligne sera divisée en sections de 200 kilomètres chacune, sections indépendantes les unes des autres au point de vue de la pénalité que pourrait infliger le gouvernement au cas de la suspension de la construction ou de l'exploitation par la société concessionnaire, sans que celle-ci pût arguer d'un cas de force majeure.

Le concessionnaire aura un délai de dix-huit mois, à partir de la date du firman de concession et de l'échange de la convention, pour présenter au ministre des travaux publics les plans et projets complets, après études définitives et conformément aux prescriptions du cahier des charges, des 200 premiers kilomètres.

Ces plans devront être approuvés ou repoussés par le ministre des travaux publics dans le délai de trois mois après leur présentation. Si le département ne s'est pas prononcé au bout de trois mois, la société pourra passer outre et procéder à l'exécution des travaux.

La société aura un délai de huit ans pour l'achèvement des travaux de la première section. Si le gouvernement impérial venait à exiger des modifications entraînant un délai de plus d'un mois pour l'approbation des plans par le ministère des travaux publics, le délai pour l'achèvement serait prolongé d'autant.

Art. 4. — En cas d'arrêt des travaux pour motif de force majeure, la société jouira d'une prolongation de délai égale à la période d'interruption.

Dans le cas de force majeure sont comprises les éventualités d'une guerre entre les puissances européennes et d'un changement capital dans la situation financière de l'Allemagne, de l'Angleterre ou de la France.

Art. 5. — Pour les frais du contrôle et de la surveillance du chemin de fer par le ministère des travaux publics, la société paiera à ce département la somme de 270 piastres (or) par kilomètre et par an, pendant toute la durée de sa concession.

Art. 6. — L'entreprise étant d'utilité publique, les terrains nécessaires à l'établissement du chemin de fer et de ses dépendances appartenant à des particuliers, seront pris conformément à la loi sur l'expropriation, toutes les fois qu'une entente ne pourra pas être établie entre la société concessionnaire et les propriétaires pour l'achat de ces terrains.

Les terrains nécessaires pour une occupation temporaire pendant les travaux seront livrés à la société concessionnaire par le gouvernement, à charge de ladite société d'en indemniser les propriétaires.

Les terrains vagues appartenant à l'Etat, dénommés *Erazii-Emiriéi-Halië* (1), nécessaires au chemin de fer ou à ses dépendances, seront livrés gratuitement à la société par le gouvernement. Les terrains de cette même catégorie, dont la société aurait besoin temporairement pendant la durée des travaux, lui seront aussi livrés gratuitement.

Si sur ces terrains se trouvent des carrières et balastières, la société en usera gratuitement pendant la durée de la construction. Si elle veut en faire usage pendant la période d'exploitation, elle paiera le droit habituel.

Tous les terrains à exproprier devront être livrés à la Société deux mois après que les plans présentés par celle-ci auront reçu l'approbation du gouvernement.

Art. 7. — La ligne sera établie à une seule voie ; cependant les expropriations seront faites en vue de l'établissement d'une seconde voie. Aussitôt que les recettes kilométriques brutes atteindront le chiffre de 30,000 francs, le gouvernement aura le droit de réclamer l'établissement de la seconde voie, que la Société sera tenue de construire à ses frais.

Art. 8. — Le matériel et les matériaux, bois, fer, houille, machines et approvisionnement de tous genres, achetés par la Société en Turquie et à l'étranger, seront exempts de droits de douane et de tout impôt intérieur pendant toute la durée de la construction.

Même pendant la période d'exploitation, la houille que la Société ferait venir de l'étranger sera exempte de tout droit de douane, ce jusqu'au moment où la recette kilométrique brute atteindra l'équivalent de la garantie kilométrique dont il est parlé plus loin.

La police nécessaire pour le maintien de l'ordre sur les chantiers et le long de la voie sera fournie gratuitement par le gouvernement.

Pendant toute la durée de la concession, le sol, le fonds du chemin de fer et de ses dépendances ne seront passibles d'aucun impôt et il ne sera perçu aucun droit de timbre sur la présente convention et le cahier des charges annexé, ni aucun droit sur les actions, les actions de priorité et les obligations à émettre par la Société.

---

(1) En turc : « Propriété du noble trésor ».

La construction des nouvelles lignes prévues par la présente convention exigeant de nouveaux capitaux, il est bien entendu que les porteurs des titres émis pour la construction et l'exploitation du réseau actuellement exploité ne pourront pas être appelés à participer à la nouvelle entreprise sans leur consentement, et que les droits déjà acquis par eux restent intacts.

Le concessionnaire prendra toutes les mesures nécessaires pour la sauvegarde, en ce qui concerne la construction et l'exploitation des nouvelles lignes faisant l'objet de la convention, des intérêts des anciens obligataires et actionnaires par l'établissement d'une administration distincte.

La Société sera soumise aux droits de timbre pour toutes ses opérations autres que celles pour lesquelles la franchise lui est accordée par le présent article.

Art. 9. — La Société aura le droit d'établir et de conserver pendant toute la durée de la construction du réseau, un service de navigation à vapeur ou à voile, sur l'Euphrate, le Tigre et le Chatt-el-Arab, pour le transport des matériaux, agents, ouvriers et autres destinés à la construction et à l'exploitation des nouvelles lignes.

Ce service fera partie intégrante du chemin de fer et jouira des mêmes exemptions de droits de douane et autres.

Art. 10. — La Société pourra faire couper dans les forêts de l'Etat avoisinant la ligne les bois et charpentes nécessaires à la construction et à l'exploitation du chemin de fer, tout en se conformant au règlement y relatif.

Art. 11. — Aussitôt que la Société notifiera l'achèvement d'une section au ministère des travaux publics, celui-ci la fera visiter par une commission technique et procédera à une réception provisoire s'il y a lieu. Un an après cette réception provisoire aura lieu la réception définitive. Tous les frais de déplacement de ces commissions techniques seront à la charge de la Société.

Cette dernière pourra être autorisée à exploiter provisoirement des sections n'ayant que 40 kilomètres d'étendue.

Art. 12. — Le gouvernement s'engage absolument à concéder à la Société la construction et l'exploitation de tout nouvel embranchement qui aboutirait à la Méditerranée entre le port de Mersina et celui de Tripoli en Syrie.

Les conditions générales et la garantie kilométrique de cet embranchement seraient les mêmes que celles accordées aux lignes faisant l'objet de la présente convention.

Si le gouvernement décide l'établissement d'un chemin de fer ou d'un tramway à vapeur reliant Alep à la mer, il en accordera la concession à la Société, à laquelle il accorde d'ores et déjà un droit de préférence pour les embranchements suivants :

      1° Vers Marach ;
      2° Vers Aintab ;
      3° Vers Biredjik ;
      4° Vers Mardin ;
      5° Vers Erbil ;
      6° Du Diala vers Salahié et Tuz Kharmati ;
      7° D'El Badz à Ibetté.

Toutefois, lorsque le gouvernement aura notifié à la Société son désir de voir établir ces embranchements, si, au bout d'un délai de neuf mois, la Société ne s'est pas prononcée, ces mêmes embranchements pourront être accordés à une autre compagnie.

ART. 13. — La Société aura le droit, en se munissant de l'autorisation des autorités locales, de construire et exploiter sur les points qu'elle jugera convenables des tuilleries et des briqueteries. Les machines et outils destinés à ces usines jouiront des mêmes franchises et exemptions que celles accordées au matériel du chemin de fer.

ART. 14. — Pendant toute la durée de la concession, le chemin de fer et ses dépendances, ainsi que son matériel fixe et roulant, seront tenus en parfait état d'entretien, conformément à l'article 16 du cahier des charges.

ART. 15. — Dans le cas où, sans motif de force majeure dûment constaté, la Société n'aurait pas, dans les délais fixés, commencé les travaux d'une section, ou les laisserait inachevés, ou qu'elle aurait suspendu les transports, le gouvernement prendra les mesures nécessaires pour assurer provisoirement le service. Il est bien entendu et tout spécialement noté que tous frais et pénalités pouvant résulter de cette défaillance ne peuvent être supportés que par la section où elle se serait produite, toutes les autres sections restant indemnes de toute pénalité ou dépense pouvant résulter de ce chef. Toute mesure de rigueur décidé par le gouvernement ne pourra être appliquée que dix-huit mois après notification.

ART. 16. — La Société aura le droit de percevoir des droits de péage, conformément aux tarifs, à partir de la réception provisoire des ouvrages jusqu'à l'expiration de la concession.

ART. 17. — Le transport des militaires des armées de terre et de mer, voyageant en corps ou isolément, tant en temps de guerre qu'en temps de paix, ainsi que du matériel et approvisionnements de guerre, des prisonniers, des condamnés, des agents de l'Etat, des valises postales, sera effectué conformément aux prescriptions du titre V du cahier des charges.

Art. 18. — Comme garantie de l'exécution des présents engagements, la Société versera un cautionnement de 30,000 (trente mille) livres turques, dans les caisses d'une société anonyme, banque reconnue par l'Etat. Ce versement sera fait en numéraire, fonds d'Etat ou titres d'une société anonyme garantie par l'Etat. Si le dépôt est fait en titres, se sera au cours du jour, la banque s'engageant à parfaire la différence en cas de baisse.

Le dépôt de ce cautionnement devra être opéré dans les trois mois suivant la remise du firman de concession et l'échange de la présente convention. Le cautionnement sera restitué à la Société peu à peu, proportionnellement à l'étendue des travaux acceptés par l'Etat.

Art. 19. — Après les trente premières années de la concession, le gouvernement aura le droit de racheter la ligne, à quelque époque que ce soit et jusqu'à la fin de la concession, moyennant le paiement d'une somme annuelle équivalente à 50 % des recettes brutes moyennes des cinq années précédant le rachat. A cet égard, il est bien précisé que ce paiement annuel, quelle que soit la moyenne ainsi reconnue, ne pourra être inférieur à la somme de 12,000 francs par kilomètre et par an.

Il est également stipulé que si, après rachat de la ligne, le gouvernement ne l'exploitait pas lui-même, il serait tenu de donner à bail cette exploitation à la Société.

Art. 20. — A l'expiration de la concession, le gouvernement sera substitué à tous les droits de la société concessionnaire sur le chemin de fer et ses dépendances, ainsi que sur le matériel et sur les matériaux, et entrera en jouissance des produits y afférents.

Il sera procédé à la remise de la ligne et de ses dépendances, libres de toute dette et engagement, au gouvernement, et à l'achat par ce dernier du matériel et approvisionnements, conformément à l'article 22 du cahier des charges.

Art. 21. — A l'exception du personnel de la direction, de la comptabilité et des services techniques, les employés et agents de la Société seront pris parmi les sujets ottomans. Ils porteront le fez et la tenue qui sera fixée et adoptée par le gouvernement.

Art. 22. — La Société aura le droit d'exploiter toutes les mines non encore concédées dans une zone de 20 kilomètres de l'axe de la voie. Elle devra se munir de l'autorisation nécessaire pour ces exploitations. Elle pourra de même opérer des coupes dans les forêts avoisinant la ligne, soit pour obtenir du bois, soit pour faire du charbon.

Art. 23. — La Société aura le droit d'exploiter et de construire : à Bagdad sur le Tigre, à Bassorah sur le Chatt-el-Arab, et sur un point à fixer du littoral du Golfe Persique, des ports, avec toutes les installations nécessaires pour l'accostage à quai des navires, l'embarquement, le débarquement et la mise en magasin des marchandises.

Les projets de ces ports devront être présentés dans un délai maximum de huit ans et la construction devra en être achevée au plus tard en douze ans, à partir de l'échange de la présente convention.

Ces trois ports feront partie intégrante du chemin de fer et leurs recettes nettes seront versées au compte des recettes nettes du chemin de fer.

Tout le matériel et les matériaux pour la construction et l'exploitation de ces ports seront affranchis de tous droits de douane et autres.

A l'expiration de la concession, ces ports et leurs installations feront gratuitement retour à l'Etat.

Dans le cas où la Société n'exécuterait pas l'un ou l'autre de ces ports dans les délais ci-dessus indiqués, le gouvernement pourra en donner la concession à des tiers.

En tout cas, la Société pourra, pendant la période de construction du chemin de fer, établir sur ces trois points des installations provisoires pour le débarquement du matériel et des matériaux destinés au chemin de fer. Ces installations provisoires devront, après l'achèvement du chemin de fer, être supprimées si le gouvernement le demande.

Art. 24. — La Société pourra établir, là où le besoin s'en fera sentir, et sur les dépendances du chemin de fer, des dépôts et magasins pour les marchandises devant être expédiées par ledit chemin de fer. L'usage de ces dépôts et magasins sera facultatif pour le public.

Vingt-cinq pour cent de la recette nette obtenue par ces dépôts reviendra à l'Etat.

Ces dépôts et magasins, ainsi que leurs installations fixes, deviendront, à la fin de la concession, la propriété de ce dernier, conformément à l'article 20 du cahier des charges.

Art. 25. — La Société est autorisée à utiliser l'énergie électrique qu'elle aura fait produire par les chutes d'eau naturelles ou les barrages qu'elle aura établis, pour l'éclairage des stations et les divers services de l'exploitation. Si la Société se décide à user de l'électricité pour sa traction, elle donnera à l'Etat 50 % de l'économie venant à ressortir pour elle de l'emploi de ce système.

ART. 26. — Le gouvernement pourra faire élever à ses frais des retranchements et travaux de défense sur les points de la ligne principale et des embranchements, où il le jugera nécessaire.

ART. 27. — Les objets d'art et antiquités découverts pendant les travaux seront soumis aux règlements régissant la matière; toutefois, le concessionnaire sera dispensé de la formalité de présenter une demande et d'obtenir une autorisation pour les rechercher.

ART. 28. — La Société sera tenue de présenter au ministère des travaux publics un état mensuel de toutes les recettes. Ces états devront être dressés conformément aux prescriptions de l'article 17 du cahier des charges.

ART. 29. — Dans le cas où, sans un motif de force majeure dûment constaté, la Société n'aurait pas, dans les délais fixés, commencé les travaux, ou aurait interrompu le service des transports, le gouvernement lui donnerait un premier avis pour qu'elle eût à se mettre en règle. Si, dix-huit mois après la notification de cet avis, la Société n'avait pas régularisé la situation, le gouvernement prendrait, aux frais et risques de la Société, les mesures nécessaires pour assurer le service. Il est bien entendu que la section où l'irrégularité se serait produite serait seule responsable pour les frais résultant de l'irrégularité commise.

Tant que la ligne principale ne sera pas achevée, l'exploitation ne pourra pas fonctionner entre Bagdad et Bassorah.

ART. 30. — La Société établira gratuitement, sur les points désignés par le gouvernement, les locaux nécessaires aux bureaux des agents chargés du contrôle de l'Etat et des employés de la douane. des postes et de police.

ART. 31. — La Société concessionnaire devra établir, à ses frais, une ligne télégraphique sur tout le parcours de la ligne principale et de tous les embranchements ; cette ligne ne pourra pas servir aux correspondances privées et n'ayant pas trait à l'exploitation du chemin de fer.

Le gouvernement pourra faire usage des poteaux de la Société pour l'établissement d'une ligne télégraphique ; dans le cas où ces poteaux ne suffiraient pas aux besoins de ce service, le gouvernement aura le droit de faire établir, à ses frais, d'autres poteaux sur le parcours des voies, ou d'installer, en cas de rupture ou de dérangements de ces lignes, des télégraphistes dans les stations pour la transmission, par les lignes de la Société, des dépêches officielles importantes, à la condition toutefois de n'apporter aucune entrave au service du chemin de fer.

Art. 32. — Le concessionnaire aura le droit de faire transporter avec ses propres moyens de transport, et sans payer aucune taxe à l'administration des postes de l'Empire, les correspondances et valises concernant exclusivement le service du chemin de fer.

Art. 33. — Le gouvernement s'engage à faire desservir par l'administration de la Mahsoussé la ligne entre la capitale et Haïdar-Pacha par trois bateaux neufs, fournissant en service une moyenne à l'heure de 14 mille marins de 1,855 mètres.

Si dans un délai d'un an, compté à partir de l'échange de la présente convention, l'administration de la Mahsoussé n'organisait pas le service comme il est dit ci dessus, la Société concessionnaire aura le droit d'opérer le transport des voyageurs et des marchandises entre le pont de Karakeuz et Haïdar-Pacha et vice-versa, à la condition de choisir les officiers et équipages de ces bateaux parmi les anciens officiers et matelots de la flotte impériale, ou parmi les élèves diplômés de l'école navale.

Les bateaux de la Société concessionnaire feront le service au lieu et place de ceux de la Mahsoussé, tout en restant affectés au dit service de transport, et la Société concessionnaire versera annuellement à cette administration une somme égale à 50 % des recettes brutes afférentes au transport des voyageurs et des marchandises effectué pour elle entre les points susmentionnés.

De l'excédent des recettes on déduira :

1° Les frais d'exploitation ;

2° Une annuité égale à 8.30 % du capital nominal de premier établissement affecté à l'acquisition des bateaux.

L'excédent, après défalcation de ces sommes, sera versé au compte des recettes nettes du réseau du chemin de fer garanti.

Le montant du capital de premier établissement sera arrêté après l'achat des bateaux.

Il est entendu que si les recettes ne permettent pas de faire face aux frais précités, la Société n'aura rien à réclamer au gouvernement. Par contre, elle pourra prélever le déficit sur les années suivantes.

Les bateaux de la société seront assimilés à ceux de la flotte de la Mahsoussé et jouiront par conséquent des mêmes droits et privilèges que ces derniers.

Art. 34. — La société anonyme qui sera substituée au concessionnaire devant être ottomane, toutes contestations ou différends qui surviendraient, soit entre le gouvernement et le concessionnaire ou la société, soit entre le concessionnaire ou la société et des particuliers, par suite de l'exécution ou de l'interprétation de la présente convention et du cahier des charges y annexé, seront déférés aux tribunaux compétents ottomans.

Art. 35. — Le gouvernement garantit aux concessionnaires le paiement d'une annuité de 12,000 francs par kilomètre de chemin de fer construit et exploité, et le paiement, à titre de frais d'exploitation, d'une somme de 4,500 francs par kilomètre exploité. Si les recettes kilométriques brutes de la ligne dépassaient 4,500 francs, la totalité du montant dépassant cette somme, jusqu'à concurrence de 10,000 francs, reviendra au gouvernement et 60 % des recettes brutes dépassant 10,000 francs reviendront de même au gouvernement et 40 % à la Société.

Les surplus ci-dessus mentionnés, revenant au gouvernement, seront affectés à titre de garantie au paiement de l'annuité indiquée au premier paragraphe du présent article.

Après encaissement de cette annuité et s'il y avait surplus du chef des recettes opérées, ce surplus serait immédiatement versé par la Société à l'endroit que lui indiquerait le gouvernement.

Il est bien entendu que, si le montant des recettes brutes (trafic) n'atteignait pas la somme de 4,500 francs, le montant des sommes à effectuer au paiement du déficit en provenant et de l'annuité ci-dessus mentionnée, ainsi que le mode de paiement de ces sommes, seraient ultérieurement arrêtés d'un commun accord entre le gouvernement et la Société.

Il est également entendu que le paiement des dites sommes sera directement fait à la Société par les soins de l'administration de la Dette publique ottomane.

Il est enfin absolument convenu que l'annuité de 12,000 francs par kilomètre sera prise sur des affectations spéciales à déterminer d'un commun accord entre le gouvernement et la société.

La mise à exécution de la présente convention est subordonnée à l'accomplissement des formalités relatives aux dites affectations spéciales.

Art. 36. — Pour pouvoir déterminer la moyenne des recettes kilométriques des nouvelles lignes en exploitation, il sera, au fur et à mesure de leur mise en exploitation, fait masse de toutes les recettes nettes des ports et installations qui seront créés en vertu de la présente convention.

La moyenne ainsi obtenue servira de base pour fixer le montant des sommes à payer conformément au précédent article.

Art. 37. — Le société est tenue et autorisée à faire circuler une fois par semaine un train marchant à grande vitesse entre Haïdar-Pacha et Bagdad et vice versa.

En outre des trains mixtes, la société organisera des trains directs qui devront au moins une fois par semaine circuler entre Haïdar-Pacha et Alep et vice versa. Ces trains iront au moins une fois toutes les deux semaines jusqu'au Golfe Persique.

La vitesse de ces trains directs ne pourra, dès leur création, être moindre de 40 kilomètres à l'heure. Quand le réseau sera achevé, cette vitesse devra atteindre jusqu'à 75 kilomètres à l'heure. Il s'ensuit naturellement qu'il faut dès maintenant se préoccuper de la réfection de la ligne actuellement exploitée de Haïdar-Pacha-Angora et Eski-Chéhir-Konia, sur laquelle n'ont circulé jusqu'ici que des trains à très petite vitesse. Ces travaux de réfection ne peuvent être estimés à moins de 8 millions de francs, en y comprenant, comme de juste, la ligne d'Eski-Chéhir-Konia. La société prend à sa charge cette avance de 8 millions de francs. Pour la lui rembourser, le Gouvernement lui accorde pendant trente ans, une annuité de 350,000 francs, devant couvrir le service des intérêts et de l'amortissement de l'avance précitée de 8 millions de francs. Cette annuité prendra cours dès le commencement des travaux d'amélioration.

La Société recevra plus tard, lorsque commencera la circulation des trains express, une seconde annuité de 350,000 francs, applicable aux frais spécialement causés par ces trains rapides, lesquels ne commenceront à marcher que quand la nouvelle ligne atteindra Alep.

Ces deux annuités de 350,000 francs chacune seront gagées sur les revenus dîmiers affectés à la garantie kilométrique de la ligne Haïdar-Pacha-Angora, revenus qui laissent une plus-value suffisante pour le service de ces deux annuités.

Art. 38. — Si le gouvernement en exprime le désir, la Société devra construire un embranchement partant d'un point de la ligne à déterminer et se dirigeant sur Diarbékir et Kharpout. La construction et l'exploitation de cet embranchement se feront aux mêmes conditions que celles de la ligne principale. Le dit embranchement jouira donc de l'annuité de 12,000 francs et des frais d'exploitation de 4,500 francs.

Art. 39. — Le gouvernement a décidé que c'est à Alep que doit se faire un jour le raccordement du réseau faisant l'objet de la présente convention avec la ligne Beyrouth-Damas-Hamah. Si ce raccordement n'était pas exécuté par la société exploitant la dite ligne, la Société d'Anatolie aurait un droit absolu de préférence pour la construire et l'exploiter.

Art. 40. — La Société concessionnaire remettra au ministre des travaux publics et à l'administration de la Dette publique, dans le courant du mois de janvier, de chaque année, les comptes sur la base desquels elle réclame les sommes nécessaires pour parfaire la garantie kilométrique, comptes qui auront dû au préalable être vérifiés et approuvés par le commissaire impérial.

Le gouvernement s'engage à faire, dans les deux mois suivant la remise de ces comptes, connaître à l'administration de la Dette publique le montant des sommes dues à la Société pour le paiement immédiat du dit montant.

Art. 41. — La Société aura le droit d'établir, entre la station d'Hamidié et le port de Castabol, un embranchement provisoire pour le transport du matériel et des matériaux nécessaires au chemin de fer. Il est toutefois entendu qu'après l'achèvement du chemin de fer, la Société devra, si le gouvernement lui en notifie la demande, enlever les rails de cet embranchement provisoire.

Il est bien entendu que le dit embranchement ne profitera pas de la garantie prévue à l'article 35 de la présente convention, à moins que le gouvernement n'en autorise l'exploitation régulière.

Art. 42. — Les terrains acquis par le chemin de fer, ses carrières et ses balastières devront être strictement bornés aux besoins de la construction et de l'exploitation.

Art. 43. — Les agents des douanes devront s'assurer très exactement que le matériel arrivant à l'adresse de la Société est bien destiné au chemin de fer ou à ses dépendances.

Art. 44. — Il est stipulé une fois encore que les marchandises placées dans les dépôts et magasins de la Société seront bien destinés à être transportés.

Art. 45. — Le gouvernement demande qu'il soit créé sur certains points désignés par lui des stations militaires; la Société s'engage à exécuter à ses propres frais, pour ces installations, des travaux dont le prix pourra s'élever jusqu'à 4 millions de francs.

Art. 46. — La Société s'engage à servir pendant toute la durée de sa concession un don annuel de 500 livres turques à l'asile des pauvres de Constantinople.

Constantinople, le 8/21 janvier 1902.

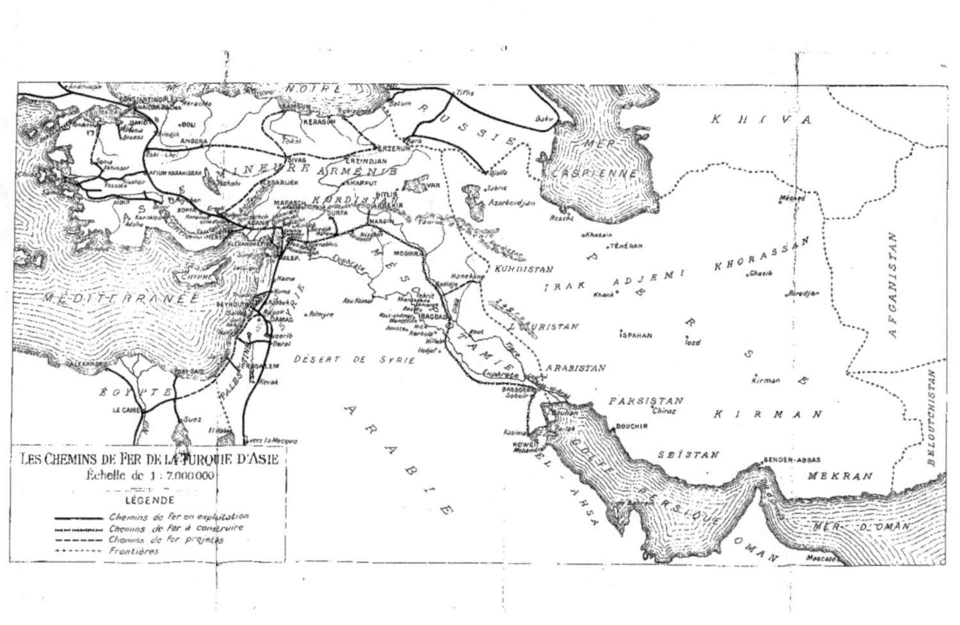

LES CHEMINS DE FER DE LA TURQUIE D'ASIE
Échelle de 1 : 7.000.000
LÉGENDE
Chemins de fer en exploitation
Chemins de fer à construire
Chemins de fer projetés
Frontières
MER NOIRE
RUSSIE
MÉDITERRANÉE
MER CASPIENNE
KHIVA
KHORASSAN
AFGANISTAN
BÉLOUTCHISTAN
ASIE MINEURE
ARMÉNIE
KURDISTAN
IRAK ADJEMI
LOURISTAN
ARABISTAN
PARSISTAN
KIRMAN
SÉISTAN
MEKRAN
MER D'OMAN
GOLFE PERSIQUE
EL-AHSA
OMAN
ARABIE
DÉSERT DE SYRIE
MÉSOPOTAMIE
ÉGYPTE
PALESTINE
CHYPRE
CONSTANTINOPLE
ANGORA
BOLI
SIVAS
ERZINDJAN
ERZERUM
KHARPUT
BITLIS
DIARBEKIR
VAN
MARDIN
MOSSOUL
KHANIKIN
BAGDAD
KERASSUN
SAMSUN
TREBIZONDE
BATUM
TIFLIS
BAKU
MÉCHED
GHAZIK
BiREDJAN
TÉHÉRAN
TABRIZ
RESCHT
KHOSAIN
ISPAHAN
IAZD
KIRMAN
CHIRAZ
BOUCHIR
SENDER-ABBAS
MASCATE
KHOWEIT
BASSORAH
SADIDJÉ
ALEP
HAMA
HOMS
DAMAS
BEYROUTH
PALMYRE
ABOU-KEMAL
ANA
ALEXANDRIE
PORT-SAID
JÉRUSALEM
LE CAIRE
SUEZ
vers la Mecque
KÉRAK
ADANA
MARASCH
OURFA
AFIUN KARAHISSAR
CÉSARIÉE
AIDIN
ALEXANDRETTE
EUPHRATE
TIGRE
AZERBEIDJAN
KURDISTAN
TAURUS

TABLE DES MATIÈRES

TROISIÈME PARTIE.

Le chemin de fer de Bagdad au point de vue économique.

QUATRIÈME PARTIE.